Klett Lektürehilfen

Heinrich von Kleist

Die Marquise von O...
Das Erdbeben in Chili

Interpretationshilfe für Oberstufe und Abitur

von
Suzan Bacher (Kapitel I, II, III)
Wolfgang Pütz (Prüfungsaufgaben und Lösungen)

Klett Lerntraining

Die Seitenangaben zu den Textzitaten beziehen sich auf die Ausgabe:
Heinrich von Kleist: *Die Marquise von O... Das Erdbeben in Chili.* Stuttgart:
Reclam, 2004 (Reclams Universal-Bibliothek Nr. 8002).

Kapitel I, II, III: Suzan Bacher
Prüfungsaufgaben und Lösungen: Wolfgang Pütz
Kurzinfos und Kapitel Schnellcheck: Klett Lerntraining, Stuttgart

Bibliografische Information der Deutschen Nationalbibliothek
Die Deutsche Nationalbibliothek verzeichnet diese Publikation in
der Deutschen Nationalbibliografie; detaillierte bibliografische
Daten sind im Internet über http://dnb.dnb.de abrufbar.

2. Auflage 2018

© PONS GmbH, Stöckachstraße 11, 70190 Stuttgart 2017
Alle Rechte vorbehalten.
www.klett-lerntraining.de
Teamleitung Sekundarstufe II: Christine Sämann
Umschlagfoto: ullstein bild – ullstein bild
Satz: DOPPELPUNKT, Stuttgart
Druck: medienhaus Plump GmbH, Rheinbreitbach
Printed in Germany
ISBN 978-3-12-923144-9

1 „Die Marquise von O…" –
Die Unzulänglichkeit eines Selbstentwurfs

2 „Das Erdbeben in Chili" – Die Unzulänglichkeit
eines Gesellschaftsentwurfs

① Die Marquise von O... – Die Unzulänglichkeit eines Selbstentwurfs

Der inhaltliche Aufbau

KURZINFO

Der Erzählanfang
- Die Handlung spielt in Norditalien zur Zeit des Zweiten Koalitionskriegs (1799–1802).
- Die Erzählung setzt unvermittelt ein.
- Es wird von einer Zeitungsannonce erzählt, die die verwitwete Marquise von O... aufgegeben hat.
- In der Annonce lässt die Marquise, die einen vortrefflichen Ruf genießt und Mutter von mehreren Kindern ist, bekannt geben, dass sie ohne ihr Wissen schwanger geworden sei. Sie fordert den Vater des Kindes auf, sich zu melden, und erklärt, dass sie entschlossen sei, ihn zu heiraten.

Die Erzählung setzt unvermittelt mit der „unerhörten, sich ereigneten Begebenheit" (Goethe) ein, die den Kern der Handlung bilden wird: einem überaus ungewöhnlichen publizistischen Ereignis nämlich.

Erzählanfang

> „In M..., einer bedeutenden Stadt im oberen Italien, ließ die verwitwete Marquise von O..., eine Dame von vortrefflichem Ruf, und Mutter von mehreren wohlerzogenen Kindern, durch die Zeitungen bekannt machen: dass sie, ohne ihr Wissen, in andre Umstände gekommen sei, dass der Vater zu dem Kinde, das sie gebären würde, sich melden solle […]."

Dieser Anfang dient einem doppelten Zweck. Einerseits wird der Leser darin mit dem Schauplatz und der Titelfigur der Erzählung vertraut gemacht, die einleitenden Zeilen erfüllen also expositorische Funktion; dabei werden diese Sachangaben durch die vom Erzähler vorausgeschickte Information, die Erzählung beruhe auf „einer wahren Begebenheit, deren Schauplatz vom Norden nach dem Süden verlegt worden" und durch die Verkürzung der Namens- und Ortsangabe auf die Initialen in ihrer Aussagekraft gleich wieder eingeschränkt. Das Geschehen verweigert sich damit einem letztlich konkre-

Exposition

Leserinteresse

tisierenden geographischen Zugriff, der im Folgenden geschilderte Einfall „russischer" Truppen in Oberitalien muss in diesem Zusammenhang gesehen werden. Andererseits wird das Interesse des Lesers durch die Paradoxie der geschilderten Umstände aufs Reizvollste geweckt. Die Widersprüchlichkeit der Aussagen, eine verwitwete Dame höheren Standes sei „ohne ihr Wissen, in andre Umstände gekommen", suche nun, anstatt diesen sie und ihre Familie bloßstellenden und wohl gesellschaftlich ruinösen Vorfall nach Möglichkeit zu vertuschen, durch die Zeitungen den Vater ihres Kindes, lasse also ihre Schande öffentlich bekannt machen, mit der Begründung, sie sei aus Familienrücksichten entschlossen, ihn zu heiraten. Diese Widersprüche lassen den Leser gespannt sein auf die Mitteilung (1) der näheren Umstände und (2) der möglichen Folgen dieser Bekanntmachung. Im Fortgang der Erzählung wird in der Form einer Retrospektive dargestellt, wie es zu dieser Annonce kommen konnte.

Das Auftreten des Grafen

> **KURZINFO**
>
> **Die Rettung der Marquise (Beginn des Rückblicks)**
>
> - Es wird erzählt, dass die Marquise die Tochter des Herrn von G …, des Kommandanten der Zitadelle von M …, ist, drei Jahre zuvor ihren Mann durch einen Unglücksfall verloren hat und daraufhin mit ihren beiden Kindern zu ihren Eltern zurückgekehrt ist.
> - Ihr beschauliches Leben im Elternhaus endet, als die Gegend plötzlich mit Krieg überzogen wird: Die Festung wird von russischen Truppen eingenommen, das Wohngebäude fängt bei einem nächtlichen Angriff Feuer, die Frauen und Kinder werden beim Versuch, sich zu retten, auseinandergetrieben.
> - Als die Marquise auf ihrer Flucht in die Fänge russischer Soldaten gerät, die sie vergewaltigen wollen, kommt ihr ein feindlicher Offizier zu Hilfe. Er rettet sie und führt sie in den unversehrten Teil des Gebäudes, wo sie ohnmächtig zusammensinkt.
> - Nach einer kurzen Zeitspanne, die inhaltlich nicht ausgefüllt und nur durch einen Gedankenstrich gekennzeichnet ist, vergewissert sich der Offizier, dass die Marquise vom Gesinde, das inzwischen eingetroffen ist, weiter versorgt wird, und kehrt zurück in den Kampf.

Retrospektive

Ein auktorialer Erzähler stellt die Marquise näher vor als „Tochter des Herrn von G…, Kommandanten der Zitadelle bei M…" und erklärt, wie sie drei Jahre zuvor ihren Mann durch einen Unglücksfall auf einer Geschäftsreise verloren habe und daraufhin dem Verlangen ihrer Mutter folgend mit ihren beiden Kindern in das elterliche Haus zurückgekehrt sei, wo sie die Zeit ruhig und zurückgezogen nur „mit Kunst, Lektüre, mit Erziehung und ihrer Eltern Pflege beschäftigt" zugebracht habe. Dieses beschauliche Dasein wird jäh beendet, als die Gegend „plötzlich" mit Krieg überzogen wird. Die inhaltliche Wende wird begleitet von einem deutlichen Wechsel des Erzählstils: Während das Bisherige in einem bei aller Komplexität der Syntax eher ruhigen Erzählfluss gehalten ist, der Vorstellung der Hauptfigur und ihres Vorlebens dient, wendet sich das Erzählinteresse nun Ereignissen zu, die in rascher Folge und in Reihungen eng zusammengedrängt aufgeführt werden, ein Verfahren, das das Erzähltempo merklich erhöht. Dieser Umschwung der Lebensgewohnheiten der Kommandantenfamilie einerseits und des Erzählstils andererseits wird durch eine Zäsur im Satzbau markiert; ein Doppelpunkt anstelle des erwarteten Kommas trennt die lang angesetzte Reihung der Satzglieder, die das Geschehen der drei vergangenen Jahre zusammenfassen, von der raschen Einführung des Neuen im abschließenden Temporalsatz.

Jetzt überstürzen sich die Ereignisse. Die Pläne des Vaters, der verantwortlicher Kommandeur der Stellung ist, seine Familie in Sicherheit bringen zu lassen, werden durch die Unentschlossenheit von Frau und Tochter zunichte gemacht, die Festung von feindlichen Truppen belagert. Wiederum wird die breite hypotaktische Darstellung des Zauderns der Familie durch die Hervorhebung der Temporalangaben und die Zäsur des Doppelpunktes deutlich mit der Nennung der in ihrer Schnelle alle Überlegung überrollenden Aktion des Feindes kontrastiert. „Doch ehe sich die Abschätzung noch, hier der Bedrängnisse [...] dort der Gräuel [...] auf der Waage der weiblichen Überlegung entschieden hatte: war die Zitadelle von den russischen Truppen schon berennt [...]". Der Kommandeur weist daraufhin jede Verantwortung für seine Familie von sich, er erklärt, „dass er sich nunmehr verhalten würde, als ob sie nicht vorhanden wäre", setzt sich nach Vermögen, aber erfolglos zur Wehr: Die Festung wird von russischen Truppen eingenommen.

Wechsel des
Erzählstils

Eroberung der
Zitadelle

Angriff auf die
Marquise
und Rettung

Als bei dem nächtlichen Angriff das Wohngebäude Feuer fängt, werden die Frauen und Kinder bei dem Versuch, sich zu retten, durch den fortwährenden Beschuss auseinandergetrieben. Die Marquise, „besinnungslos, wohin sie sich wenden solle", wird von einem „Trupp feindlicher Scharfschützen" gestellt und in eindeutiger Absicht „unter abscheulichen Gebärden" von der „entsetzlichen […] Rotte" fortgeschleppt. Als sie laut schreiend „unter den schändlichsten Misshandlungen", zu Boden sinken wollte", kommt ihr ein feindlicher Offizier zu Hilfe und verteidigt sie mit „wütenden Hieben" gegen die „Hunde" und „viehischen Mordknecht[e]", eine Rettungsaktion, die ihn der Marquise im Kontrast zu dem unmenschlichen Tun der Soldaten wie einen „Engel des Himmels" erscheinen lässt. Unter Wahrung ausgesuchter Höflichkeit geleitet er die „von allen solchen Auftritten" Sprachlose in den unversehrten Teil des Gebäudes, worauf sie „völlig bewusstlos" niedersinkt. Nach einer kurzen Zeitspanne, die inhaltlich nicht ausgefüllt, aber deren Verstreichen durch das Setzen eines Gedankenstrichs und durch Temporaladverbien gekennzeichnet ist: „Hier – traf er, da bald darauf […]", vergewissert der Offizier sich vor dem inzwischen eingetroffenen Gesinde der Versorgung der Marquise und nimmt seine Aufgaben im währenden Kampfverlauf wieder wahr.

KURZINFO

Der angebliche Tod des Grafen (Rückblick)

- Der Kommandant muss die Festung dem russischen Offizier, dem Retter der Marquise, übergeben. Die Marquise bittet ihren Vater, dem Offizier, einem Grafen F…, ihren vorläufigen Dank überbringen zu lassen.
- Am nächsten Tag besucht der Befehlshaber der feindlichen Armee das Fort und wird über den Anschlag auf die Marquise unterrichtet. Er lobt den Grafen öffentlich und fordert ihn auf, die Namen der Schuldigen zu nennen. Der Graf gibt vor, die Gesichter in der Dunkelheit nicht erkannt zu haben.
- Als der Befehlshaber die Namen von anderen erfährt, lässt er den gesamten Trupp hinrichten. Kurz danach verlassen die russischen Truppen die Festung. Die Marquise bedauert, dass sie dem Grafen nicht persönlich hat danken können.
- Bald darauf wird ihr berichtet, dass er in einem Gefecht gefallen sei. Auch die letzten Worte des tödlich Getroffenen werden ihr zugetragen: „Julietta! Diese Kugel rächt dich!" (S. 8)

- Sie empfindet Mitleid mit der Frau, an die der Graf noch im Tode gedacht hat – offenbar eine Namensschwester, so erfährt der Leser, denn auch die Marquise heißt Julietta.
- Die Komandantenfamilie zieht danach in die Stadt, wo sie wieder ein harmonisches Leben führt, das nur durch Unpässlichkeiten der Marquise gestört wird, die sie an ihre früheren Schwangerschaften erinnern.

Der Kommandant muss ihm, der „einer der Anführer des Sturms zu sein schien", die Festung bald darauf übergeben, worauf der russische Offizier zur Löschung des durch den Angriff verursachten Brandes Hilfsmaßnahmen anordnet. Die Marquise wird unterdessen von ihrem Vater besucht, der von dem Anschlag auf sie erfahren hat, und bittet diesen, ihrem Retter, einem Grafen F..., ihren vorläufigen Dank überbringen zu lassen. Als der Befehlshaber der feindlichen Armee am nächsten Tag das Fort besucht und von dem Vorfall die Marquise betreffend unterrichtet wird, spricht er dem Grafen öffentlich wegen seines „edelmütigen Verhaltens" Lob aus, wobei dieser „über das ganze Gesicht rot" wird. Da der General beschließt, die Schuldigen aufs schärfste zu bestrafen, dringt er in seinen Untergebenen, deren Namen zu nennen. Zur Verwunderung des Befehlshabers, der vom Brand des Schlosses Kenntnis hat, gibt der Offizier in einer „verwirrten Rede" an, die Gesichter aufgrund der Dunkelheit nicht erkannt zu haben, als von dritter Seite die gewünschten Angaben gemacht und der gesamte Trupp hingerichtet wird. „Dies abgemacht", wie der Erzähler lakonisch feststellt, ziehen sich die Truppen eilends zurück, und „in weniger, als einer Stunde, war das ganze Fort von Russen wieder leer."

Die Marquise ist untröstlich, dem Grafen ihren Dank nicht persönlich abgestattet zu haben, als sie bald darauf „sichere Nachricht" von dessen Tod in einem Gefecht erhält. Da der Bericht noch die letzten Worte des tödlich Getroffenen überliefert: „Julietta! Diese Kugel rächt dich!", ist sie zudem vom Mitleid für die „Unglückliche, ihre Namensschwester, an die er noch im Tode gedacht hatte" erfüllt; dies ist der erste Hinweis auf den Vornamen der Marquise, der in der Erzählung gemacht wird. Die Geschehnisse der nächsten Wochen werden stark gerafft.

Lob des Grafen und Hinrichtung der Attentäter

Todesnachricht

9

Die Kommandantenfamilie zieht auf Wunsch des Vaters in die Stadt und nimmt die gewohnten Beschäftigungen wieder auf: „Alles kehrte nun in die alte Ordnung der Dinge zurück." Gestört wird diese Harmonie nur durch „wiederholte Unpässlichkeiten", von denen sich die Marquise, „sonst die Göttin der Gesundheit selbst", befallen fühlt und die sie an ihre früheren Schwangerschaften erinnern.

KURZINFO

Rückkehr des Grafen und sein Heiratsantrag (Rückblick)
- Der todgeglaubte Graf F..., der im Gefecht nur schwer verletzt, nicht getötet worden ist, unterbricht eine Dienstreise nach Neapel und besucht die Kommandantenfamilie.
- Unvermittelt macht er der Marquise einen Heiratsantrag.
- Überrascht antwortet der Kommandant für seine fassungslose Tochter: Er empfiehlt eine Bedenkzeit und eine längere Phase des Kennenlernens.
- Der Graf gibt sich mit dieser Erklärung nicht zufrieden. Er will sogar seine Dienstreise abbrechen, was ihn seinen Rang kosten könnte, um seinem Antrag durch einen längeren Aufenthalt beim Kommandanten Nachdruck zu verleihen.
- Schließlich willigt die Marquise ein, den Grafen nach seiner Dienstreise und im Falle günstiger Auskünfte über ihn zu heiraten. Auch der Kommandant stimmt nach anfänglichem Zögern zu.
- Der Graf muss sich mit diesem Aufschub zufriedengeben und reist ab.

Rückkehr des Grafen / Heiratsantrag

Ein noch sonderbareres Erlebnis steht jedoch ins Haus. Unversehens erscheint der tot geglaubte Graf F..., „schön, wie ein junger Gott, ein wenig bleich im Gesicht", und gibt, nachdem er sich scharfsichtig und besorgt nach dem Gesundheitszustand der Marquise erkundigt und von ihr die Auskunft erhalten hat, sie fürchte nicht, dass die Spur von Kränklichkeit der letzten Wochen „weiter von Folgen sein würde", zur Antwort, „er auch nicht!" und bittet sie um ihre Hand. Der durch die Plötzlichkeit des Antrags überraschten Familie, zu der auch der Forstmeister, der Bruder der Marquise, gestoßen ist, stellt er seinen Wunsch nach Vermählung als eine „notwendige Forderung seiner Seele" dar und die durch Knappheit der Zeit verursachte Zwangslage vor Augen, in die er durch den Auftrag unaufschiebbarer Geschäfte gestellt sei. Der Kommandant, für seine fassungslose Tochter antwortend, verweigert zwar einen sofortigen positiven Bescheid, empfiehlt aber eine längere Phase des gegenseitigen Kennenlernens. Der Graf gibt sich aufgrund dringender Verhältnisse, „über welche er sich näher auszulassen nicht im Stande sei", mit dieser Erklärung nicht zufrieden, vermehrt das Staunen und Missvergnügen der Familie über seinen Auftritt durch ein rasches Entledigen seiner Geschäfte, ein Vorgehen, das ihn seinen Rang kosten könnte, und beschließt, allen Einsprüchen zum Trotz, zunächst beim Kommandanten Aufenthalt zu nehmen, um seiner Werbung Nachdruck zu verleihen.

Beim Diner mit seinen Gastgebern erzählt er von einem Fiebertraum, der ihn während seiner Verwundung wiederholt heimsuchte, in dem eine Episode aus seiner Kindheit mit der Vorstellung der Marquise verschmolz: Er habe sie mit einem Schwan gleichgesetzt, den er als Knabe mit „Kot beworfen, worauf dieser still untergetaucht, und rein aus der Flut wieder emporgekommen sei" und der den Namen Thinka getragen habe. Der Graf bricht die Wiedergabe seines Traumes „blutrot im Gesicht" ab, mit der Versicherung, dass er die Marquise „außerordentlich liebe". **Traum des Grafen**

Nachdem die Marquise zunächst an ihrem Entschluss, nicht mehr zu heiraten, festhält, da sie ihr Glück nicht „so unüberlegt, auf ein zweites Spiel setzen" möchte, erwirkt die aufgrund der Ereignisse zunehmend bestürzte Familie von ihr endlich doch eine Zusage: Sie werde, wie sie mit gestischem Ausdruck des Wohlgefallens zu verstehen gibt („ihre Augen glänzten, indem sie dies sagte"), im Falle günstiger Auskünfte über ihn, den Grafen nach Abschluss seiner Geschäftsreise heiraten: „um der Verbindlichkeit willen", die sie ihm schulde. „Die Mutter, die eine zweite Vermählung ihrer Tochter immer gewünscht hatte", ist sich daraufhin des glücklichen Ausgangs gewiss, da bei den „vielen vortrefflichen Eigenschaften", die der Graf „in jener Nacht, da das Fort von den Russen erstürmt ward, entwickelte, kaum zu fürchten sei, dass sein übriger Lebenswandel ihnen nicht entsprechen sollte." Auch der Kommandant gibt nach anfänglichem Zaudern seine Zustimmung; der Graf muss sich mit diesem Aufschub zufriedengeben und reist ab. **Vorläufige Zusicherung**

In diesem ersten Teil der Erzählung teilt der Leser zunächst den Blick der Marquise und ihrer Eltern auf die

Ereignisse; er wird vielleicht auch bei der Beschreibung der Rettung der Hauptfigur vor dem Angriff der Soldaten die Pausierung im Erzählfortgang zunächst übersehen. Doch schon das widersprüchliche Verhalten des Grafen bei der Nachfrage seines kommandierenden Generals, die Übeltäter betreffend, muss zum Nachdenken über die Gründe dieser Verhaltensweise zwingen; eine Nachdenklichkeit, die durch den unwahrscheinlichen Zufall der Namensgleichheit einer vermeintlichen Geliebten des Grafen und der Marquise ebenso neue Nahrung und bestimmtere Richtung findet wie durch die Feststellung der Letzteren, ihre Kränklichkeit erinnere sie an Begleitumstände früherer Schwangerschaften. Die Mutmaßungen des Lesers, was in der durch den Gedankenstrich markierten Leerstelle geschehen sein könnte, werden durch die Eile des Heiratsantrags und die Andeutungen des Grafen, der Tag würde kommen, da man ihn besser verstehen werde, bestärkt und in der eindeutigen Gleichsetzung des mit Kot beworfenen Schwans mit der Marquise zu größerer Klarheit geführt. Diese zunehmende Einsicht in den eigentlichen Hergang, die eine allmählich sich steigernde reflektierende Distanz zu dem Erzählten voraussetzt und diese gleichzeitig fördert, lässt den Leser immer deutlicher, wenn auch zum Teil erst im Rückblick, die Doppelbödigkeit vieler Passagen der Erzählung, ihren ironischen Ton, erkennen.

Zunehmende Leserdistanz

Ironie

Die Schwangerschaft als konfliktauslösendes Faktum

KURZINFO

Die Schwangerschaft der Marquise und ihre Abreise nach V… (Rückblick)

- Während der folgenden Wochen verstärken sich die Unpässlichkeiten der Marquise. Sie folgt dem Rat ihrer Mutter und lässt einen Arzt kommen, der eine Schwangerschaft feststellt.
- Die Marquise, die ihre Symptome selbst schon als Anzeichen einer Schwangerschaft gedeutet hat, reagiert zunächst abwehrend und erbost, schließlich ratlos und verwirrt: Sie beteuert ihre Unschuld und weist Zweifel an ihrem tugendhaften Lebenswandel aufs Entschiedenste zurück, bittet aber ihre Mutter, eine Hebamme kommen zu lassen.
- Die Hebamme bestätigt den Befund des Arztes, worauf die Marquise in Ohnmacht fällt.

- Wieder bei Bewusstsein, beteuert sie, den Vater des Kindes nicht zu kennen. Die Mutter verlässt daraufhin empört den Raum, um den Kommandanten über die Geschehnisse in Kenntnis zu setzen.
- Als die Marquise die Möglichkeit einer unwissentlichen Empfängnis in Erwägung zieht, wird sie von der Hebamme spöttisch zurechtgewiesen.
- Wenig später wird ihr von der Mutter ein Schreiben des Kommandanten überbracht, in dem er seiner Tochter den Vermögensanteil überlässt, der ihr zusteht, und sie des Hauses verweist.
- Als die Marquise versucht, mit ihrem Vater zu sprechen, greift er zur Pistole. Ein Schuss löst sich und schmettert in die Decke. Bestürzt flieht die Marquise darauf aus den Gemächern ihrer Eltern.
- Sie lässt ihre Sachen packen und will gerade abreisen, als ihr Bruder sie im Namen des Vaters auffordert, die Kinder zurückzulassen. Entschieden wehrt sie sich dagegen und fährt schließlich gemeinsam mit ihren Kindern nach V…

In den folgenden Wochen erreichen die Familie Schreiben des Onkels des Antragstellers, eines „General K…", wie auch des Grafen selbst; man vergewissert sich des guten Leumunds des Letzteren, alles scheint so immer mehr zugunsten einer bevorstehenden Heirat der Marquise zu sprechen, da wird dem Leser erneut in nun schon vertrauter Weise durch die Wendung im Satzbau eine Wende in dem erwarteten Handlungsgang signalisiert: „kurz, man hielt die Verlobung schon für so gut wie abgemacht: als sich die Kränklichkeiten der Marquise […] wieder einstellten."

Erneute Kränklichkeit

Durch eine ihr „unbegreifliche Veränderung ihrer Gestalt" beunruhigt, gibt sie nach einigen Tagen des Zauderns, in denen sie noch, wie es in ironisierendem Kommentar heißt, „durch ihre Natur zu siegen hoffte", dem Drängen ihrer Mutter nach und sucht Rat und Hilfe bei einem Arzt, „der das Vertrauen ihres Vaters besaß".

Als ihr eigener Verdacht auf eine Schwangerschaft als Auslöser der Symptome von diesem nach eingehender Untersuchung „mit einer sehr ernsthaften Miene" bestätigt wird, versucht die Marquise dies zunächst als unbilligen Scherz abzutun und weist dem Mann streng die Tür. In der Antwort des Arztes, „er müsse wünschen, dass sie immer zum Scherz so wenig aufgelegt gewesen wäre, wie jetzt", ist die moralische Verurteilung eines aus den gegebenen Umständen einzig zu folgernden höchst unbotmäßigen Verhaltens einer Witwe abzule-

Befund des Arztes

sen. Erzürnt über eine solche Kritik aus dem Munde eines ihr klar an sozialem Rang Unterlegenen, will die Marquise zunächst in zeitgemäß weiblicher Manier die Verteidigung ihrer Ehre dem Kommandanten anheimgeben und versichert, „dass sie von diesen Beleidigungen ihren Vater unterrichten würde". Die Bekräftigung des Arztes jedoch, „dass er seine Aussage vor Gericht beschwören könne", lässt sie schwankend werden und nachfragen: „und die Möglichkeit davon, Herr Doktor?" Das Aussprechen dieser Frage lässt den Leser die momentane Ratlosigkeit und Verwirrung der Marquise erahnen, sie wird aber in ihrer Absurdität von dem Befragten als so lächerlicher Versuch der moralischen Selbstrettung empfunden, dass dieser, im Abschied begriffen, alle dienstbeflissene Höflichkeit außer Acht lassend die spöttische Antwort gibt, „dass er ihr die letzten Gründe der Dinge nicht werde zu erklären brauchen".

Die Reaktion der Marquise auf diese Eröffnung mutet seltsam zwiespältig an. Zunächst entspricht ihrer inneren Verunsicherung und der Unfähigkeit, sich den Befund zu deuten, eine körperliche Bewegungsunfähigkeit, sie „stand, wie vom Donner gerührt", die implizite Beschuldigung „lähmte alle ihre Glieder". Gleich beginnt sie jedoch die Ungeheuerlichkeit des Gesagten auf die zwei einzig denkbaren Möglichkeiten hin – ein Täuschungsversuch des Arztes oder eine Selbsttäuschung – aufzulösen. So geht sie „gegen sich selbst misstrauisch, alle Momente des verflossenen Jahres" durch. Da sie jedoch keine Indizien für eigene Schuld finden kann, hält sie sich „für verrückt, wenn sie an den letzten dachte", und ist geneigt, ihrer Mutter beizupflichten, die den Arzt als „einen Unverschämten und Nichtswürdigen" bezeichnet und ihn ebenfalls von dem Kommandanten zur Rede stellen lassen will. Die Marquise kann sich dieser Meinung dann jedoch nicht anschließen. Mehrfach hebt sie den völligen Ernst, die Achtbarkeit, Vertrauenswürdigkeit und zuletzt auch die fachliche Autorität des so Beschuldigten hervor: „ist es wohl möglich, dass ein Arzt, auch nur von mittelmäßiger Geschicklichkeit, in solchem Falle irre?" Dadurch weckt sie jedoch gerade Misstrauen bei der Mutter, die sie einem strengen Verhör unterzieht. Die Marquise weist aber Zweifel an ihrem tugendhaften Lebenswandel aufs entschiedenste

Verunsicherung
der Marquise

Gespräch mit
der Mutter

zurück. Eher als an die Möglichkeit einer Schwangerschaft glaube sie, „dass die Gräber befruchtet werden, und sich dem Schoße der Leichen eine Geburt entwickeln wird!" Unter auffallenden körperlichen Zeichen der Unruhe, „mit einer konvulsivischen Bewegung", entdeckt sie der Mutter schließlich, wieso sie die Aussage des Arztes nicht so leichthin abtun kann, verweist auf ein zwar unerklärliches, jedoch bestimmtes inneres Empfinden: „Hab ich nicht mein eignes, innerliches, mir nur allzu wohlbekanntes Gefühl gegen mich?" und schließt die Darlegung ihres paradoxen Bewusstseinszustandes „hochrot im Gesicht glühend" mit Worten ab, die von ihrer Unsicherheit wie von ihrer Unschuld in gleicher Weise Zeugnis geben:

Das Zeugnis des Gefühls

> „Ich schwöre, weil es doch einer Versicherung bedarf, dass mein Bewusstsein, gleich dem meiner Kinder ist; nicht reiner, Verehrungswürdigste, kann das Ihrige sein. Gleichwohl bitte ich Sie, mir eine Hebamme rufen zu lassen […]."

Als die Obristin daraufhin von der Schuld und Täuschungsabsicht ihrer Tochter überzeugt („Ein reines Bewusstsein, und eine Hebamme! Und die Sprache ging ihr aus") diese von sich weisen will, wird sie durch die mehrmaligen inständigen Beteuerungen der Marquise, nichts Unziemliches verborgen zu haben, milder gestimmt: „Möge das Reich der Erlösung einst so offen vor mir liegen, wie meine Seele vor Ihnen, rief die Marquise. Ich verschwieg Ihnen nichts, meine Mutter." Durch die sich manisch steigernde Unruhe ihrer Tochter besorgt („Wie dein Gesicht glüht! Wie du an allen Gliedern so zitterst!") erklärt sie sich schließlich bereit, im Ungewissen auf eine günstige Lösung hoffend, nach einer Hebamme zu schicken, die der Marquise versichern soll, dass diese „eine Träumerin, und nicht recht klug" sei.
Der Ratlosigkeit der Mutter, ob nun den Aussagen des Arztes und dem inneren Gefühl der Marquise einerseits oder ihrem Bewusstsein eines einwandfreien Lebenswandels andererseits eher Glauben zu schenken sei, wird von der nun zur Untersuchung herangezogenen Hebamme bündig und derb ein Ende gesetzt. Nach der Bestätigung des ärztlichen Befundes nimmt diese in volkstümlicher Lebensklugheit dem Sachverhalt alles Ungewöhnliche, indem sie äußert, „dergleichen Fälle wären ihr schon vor-

Befund der Hebamme

gekommen; die jungen Witwen, die in ihre Lage kämen, meinten alle auf wüsten Inseln gelebt zu haben", und der Marquise versichert, dass sich „der muntere Korsar, der zur Nachtzeit gelandet, schon finden würde". Die innere Bedrängnis der Marquise erreicht damit ihren Höhepunkt, was in der körperlichen Schwäche eines Ohn-

Ohnmachtsanfall der Marquise

machtsanfalls deutlich wird. Als sie, wieder bei Bewusstsein, immer noch bei der Beteuerung bleibt, den Vater

Reaktion der Mutter

des Kindes nicht nennen zu können, sagt sich die Mutter von ihr los und verlässt empört und gekränkt den Raum, um den Kommandanten vom Geschehenen zu unterrichten. Mit der heilkundigen Frau allein gelassen, macht sich die innere Not der Marquise in der absurden Frage Luft, „wie denn die Natur auf ihren Wegen walte? Und ob die Möglichkeit einer unwissentlichen Empfängnis sei?", und sie reagiert auf die abschlägig spöttische Antwort der Hebamme, dass dieses Verfahren wohl einzig der „heiligen Jungfrau" vorbehalten gewesen sei, mit „krampfhafter Beängstigung". Da der Hilflosen die wohlmeinenden Ratschläge, wie sie unter den gegebenen Umständen sorgsam vorgehen und ihr Ansehen in der Gesellschaft klug wahren könnte, „völlig wie Messerstiche durch die Brust fuhren", entlässt sie die Frau.

Kurz darauf wird sie unmittelbar mit den Folgen der Untersuchungen konfrontiert. Ein ihr überbrachtes Schreiben, der Mutter vom Vater diktiert, setzt sie in Besitz ihrer Vermögenspapiere und weist sie aus dem Haus.

Ausweisung aus dem Elternhaus

Diese Lossagung der Eltern wird durch die namentliche Signierung des Briefes deutlich, die der Eltern-Kind-Beziehung keine Erwähnung tut: „Herr von G... wünsche, unter den obwaltenden Umständen, dass sie sein Haus verlasse." Zutiefst verletzt über die „Ungerechtigkeit, zu welcher diese vortrefflichen Menschen verführt wurden", versucht die Marquise zu einem Gespräch vor allem mit dem Vater zu gelangen, erreicht dabei jedoch nur, als sie gegen allen Widerstand in das Zimmer des Kommandanten vorgedrungen ist und sich ihm zu Füßen geworfen hat, dass „ein Pistol", das dieser „ergriffen hatte, in dem Augenblick, da er es von der Wand herabriss, losging, und der Schuss schmetternd in die Decke fuhr". Von diesem Vorfall äußerst bestürzt, verlässt die Marquise die elterlichen Gemächer, und, nachdem sie einem Versuch des Forstmeisters, ihr im väterlichen

Auftrag die Kinder vorzuenthalten, getrotzt hat, schließlich auch mit ihrer Habe das elterliche Haus.

Das Faktum einer Schwangerschaft als ein unerklärtes und unerklärliches Mysterium und die daraus resultierende Verwirrung und Entrüstung der von diesem Ereignis unmittelbar Betroffenen – der Marquise – und von ihm Berührten – ihrer Familie – bietet in diesem Teil der Erzählung Anlass zu einer variantenreichen und vieltönigen Darstellung. Die drei in Thema und Figurenverhalten analogen und sich in Art und Deutlichkeit der Sprachgebung und Intensität der Reaktionen steigernden Unterredungen der Marquise mit Arzt, Mutter und Hebamme reichen von einer sachlich-wissenschaftlichen und, bei leicht sarkastischem Ende, doch höflichen formalen Beratung über ein intimes, in persönlichste Bereiche greifendes und Beichtcharakter annehmendes Mutter-Tochter-Gespräch bis zu dem vulgär derben Zuspruch der Hebamme in der Rolle einer plötzlichen, wenn auch völlig unzulänglichen Vertrauten. Da mit den beiden Sachverständigen gleichsam auch die öffentliche Meinung in den Familienkreis eintritt, gewinnt das zunächst persönliche Problem der mysteriösen Empfängnis der Marquise eine soziale Komponente und wird dadurch verschärft.

Dreifacher Dialog

Die öffentliche Meinung

Gesellschaftliche Isolation und öffentliche Bekanntmachung

KURZINFO

Die Sorge um das illegitime Kind (Rückblick)

- Auf dem abgeschiedenen Landsitz in V… gelangt die Marquise allmählich zur Ruhe. Sie gewinnt an Selbstvertrauen und könnte sich mit einer Existenz jenseits des gesellschaftlichen Lebens wohl zufriedengeben, wäre da nicht die Sorge um ihr ungeborenes Kind.
- Die Marquise fürchtet, ihr vaterloses und illegitimes Kind könnte eines Tages von der Gesellschaft geächtet werden. Sie überwindet daher ihr Schamgefühl und gibt jene Zeitungsannonce auf, von der am Anfang der Novelle die Rede war.

Als sie so gezwungen wird, sich gegenüber der von ihrer Schuld überzeugten Familie und gegenüber der sicher zu erwartenden Ächtung durch die Gesellschaft zu behaupten, scheint die innere Unruhe der Marquise einer gelassenen Selbstsicherheit Platz zu machen: „Durch diese schöne Anstrengung mit sich selbst bekannt gemacht, hob sie sich plötzlich, wie an ihrer eigenen Hand, aus der ganzen Tiefe, in welche das Schicksal sie herabgestürzt hatte, empor."

Die Gefahr einer durch die Umstände nur zu verständlichen, zunehmenden geistigen oder psychischen Verstörtheit scheint gebannt. Aller Unbegreiflichkeit des Ereignisses zum Trotz und im Bewusstsein, ihre Eltern niemals von ihrer Rechtschaffenheit überzeugen zu können, fügt sich die Marquise in das Gegebene: „Ihr Verstand, stark genug, in ihrer sonderbaren Lage nicht zu reißen, gab sich ganz unter der großen, heiligen und unerklärlichen Einrichtung der Welt gefangen." Ja, sie eignet sich dieses sogar in besonderer Weise an, indem sie sich entschließt, „sich ganz in ihr Innerstes zurückzuziehen", sich „der Erziehung ihrer beiden Kinder zu widmen, und des Geschenks, das ihr Gott mit dem dritten gemacht hatte, mit voller mütterlicher Liebe zu pflegen".

Rückzug und
Selbstfindung

Die Pläne, die sie macht, den ihr gehörenden „ein wenig verfallenen" Landsitz, auf den sie sich mittlerweile zurückgezogen hat, wieder herrichten zu lassen, unterstreichen ihren Entschluss, die ihr künftig zugewiesene Existenz außerhalb des gesellschaftlichen Lebens „in ewig klösterlicher Eingezogenheit" zufrieden anzunehmen und mit entsprechenden Pflichten zu erfüllen. So ist es nicht der Gedanke an sie selbst, der sie dennoch veranlasst, den Kontakt mit der sozialen Außenwelt wieder aufzunehmen, sondern das quälende Bewusstsein, dass ihrem Kinde, „das sie in der größten Unschuld und Reinheit empfangen hatte […] ein Schandfleck in der bürgerlichen Gesellschaft ankleben sollte".

Die Illegitimität
des Kindes

Der Einfall, wie dem Vaterlosen nun doch ein Vater zu verschaffen sein könnte, ist zwar derart ungewöhnlich, dass er „ihr innerstes Gefühl" verletzt, da er eine Verbindung mit dem Manne herbeiführen könnte, von dem sie aufgrund der bestehenden Situation nur die niederste Meinung hat, da „derselbe doch, ohne alle Rettung, zum Auswurf seiner Gattung gehören müsse". Im Vollgefühl ihrer neu erworbenen Selbstsicherheit überwindet die Marquise jedoch diese Bedenken und das eigene Schamgefühl, fasst sich „eines Morgens, da sich das junge Leben wieder in ihr regte, ein Herz" und lässt „jene sonderbare

Aufforderung in die Intelligenzblätter von M... rücken", von der zu Beginn der Erzählung die Rede war.

Die Bekanntmachung

KURZINFO

Die zweite Rückkehr des Grafen (Ende des Rückblicks)

- Der Graf kehrt von seiner Dienstreise zurück und erfährt vom Forstmeister, dem Bruder der Marquise, was sich inzwischen ereignet hat.
- Er verurteilt die unnachgiebige Haltung der Familie, beteuert, dass sein Heiratsantrag auch weiterhin gelte und macht sich auf den Weg zum Landsitz der Marquise.
- Als er dort mit ihr zusammentrifft, wiederholt er seinen Antrag, den die Marquise unter Hinweis auf die veränderten Umstände und ihre Schwangerschaft allerdings ablehnt.
- Niedergeschlagen kehrt er in die Stadt zurück, wo ihm der Forstmeister, den er in einem Gasthaus trifft, die inzwischen erschienene Annonce zeigt.
- An dieser Stelle der Novelle endet die Erzählung der Vorgeschichte. Der Leser ist über die Gründe der sonderbaren Anzeige, von der er zu Beginn überrascht worden ist, nun unterrichtet. Die Vorgabe des Erzählanfangs ist eingeholt, der Rückblick abgeschlossen.

Mit der nun folgenden Rückkehr des Grafen F..., der seine dringenden Geschäfte erledigt und weitere abgewendet hat, in den familiären Kreis der Marquise, spitzt sich der moralisch-gesellschaftliche Konflikt zu. Die Reaktion des Grafen, den der sich verlegen zurückziehende Kommandant durch den Bruder der versprochenen Braut von allem unterrichten lässt, läuft jedoch allen Erwartungen zuwider. Anknüpfend an zurückliegende Schreiben an die Marquise, in denen er diese beschworen hatte, ihrem Versprechen treu zu bleiben, „es möchten fremde Umstände eintreten, welche da wollten", stimmt er nun nicht in die Bezichtigungen der Familie ein, sondern verwünscht deren vormalige Bedenken und das eigene Zaudern, die eine raschere Heirat verhindert hatten, beteuert das Festhalten an seinen Absichten, versichert, „dass ihre Erklärung über ihre Unschuld vollkommnen Glauben bei ihm fände", und begibt sich unverzüglich ins Landhaus, um seinen Antrag erneut zu stellen.

An der Pforte abgewiesen, da die Marquise keinen gesellschaftlichen Verkehr zulasse, dringt er von hinten heimlich in die Parkanlagen des Gutes ein und zur Marquise selber vor, die sich dort „in ihrer lieblichen und geheimnisvollen Gestalt" niedergelassen hat. Diese, bei seinem

Besuch im Landhaus

Anblick berührt („Der Graf F…! sagte die Marquise […] und die Röte der Überraschung überflog ihr Gesicht"), verweigert sich allen Wünschen des Grafen die Heirat betreffend aufgrund der veränderten Sachlage und entzieht sich ihm, als seine Aufmerksamkeiten zu intimliebevoll werden, durch die Flucht ins Haus. Der Graf, der nach einigen erfolglosen Versuchen, sich in das Gebäude Einlass zu verschaffen, die Vergeblichkeit seiner Bemühungen einsehen muss, kehrt niedergeschlagen in die Stadt zurück, „indem er einen Brief überlegte, den er jetzt zu schreiben verdammt war". Bei einem Abendessen an einem öffentlichen Ort wird er jedoch von dem zufällig ebenfalls anwesenden Forstmeister auf die mittlerweile erschienene Bekanntmachung aufmerksam gemacht, deren Inhalt er „mit ganzer Seele über dem Papier" liegend „gierig verschlang". Nach der lakonischen Feststellung, es sei nun gut, er wisse nun, was er zu tun habe, nimmt er „völlig ausgesöhnt mit seinem Schicksal" den Abschied.

Mit der genaueren Darlegung der Umstände, die die Marquise zu dem Einfall der öffentlichen Vatersuche für ihr bis dato anonym bleibendes Kind veranlassen, hat die Darstellung des Handlungsganges die Vorgabe des Erzählanfangs eingeholt, die Retrospektive ist abgeschlossen.

Gleichzeitig machen sich leichte perspektivische Verschiebungen oder Variationen bemerkbar. War das Geschehene bislang überwiegend von dem Gesichtspunkt der Marquise beziehungsweise ihres Kreises bestimmt, werden nun zunehmend auch erzählerische Passagen auf eine Darlegung der Reaktionen und Handlungsweisen des Grafen verwendet.

Erneute Abweisung

Lektüre der Bekanntmachung

Ende des Rückblicks

Der Graf als zweite Hauptfigur

Das Bekenntnis zur Vaterschaft als konfliktauslösendes Faktum

KURZINFO

Die Antwort auf die Zeitungsannonce und die Aussöhnung mit den Eltern

- Die Eltern der Marquise sind nach dem Auszug ihrer Tochter in Streit miteinander geraten. Während sich die Mutter Vorwürfe macht, die Tochter verstoßen zu haben, hält der Kommandant an seiner Entscheidung fest, erklärt sogar, keine Tochter mehr zu haben.

- Er lässt sich auch dann noch nicht umstimmen, als in der Zeitung eine Antwort auf die Annonce der Marquise erscheint. Darin fordert sie der Vater ihres Kindes anonym auf, sich im Hause ihrer Eltern zu einem bestimmten Zeitpunkt mit ihm zu treffen.
- Der Kommandant hält diese Notiz für einen Täuschungsversuch seiner Tochter und eines heimlichen Geliebten und verweigert den beiden den Zutritt zu seinem Haus.
- Die Mutter hingegen, die inzwischen ohnehin an der Schuld ihrer Tochter zweifelt, will sie mit Hilfe einer Finte auf die Probe stellen: Sie setzt sich über ein ausdrückliches Verbot ihres Mannes hinweg und fährt in Begleitung eines Bediensteten, des Jägers Leopardo, zum Landgut der Marquise.
- Dort erklärt sie ihrer Tochter, dass sich der anonyme Antwortschreiber im Elternhaus bereits gemeldet habe. Er sei allerdings von niedrigem Stand, so täuscht sie weiter vor, es sei nämlich der Jäger Leopardo, den sie gleich mitgebracht habe, um ihn als Bräutigam vorzustellen.
- Der Marquise erscheint diese Geschichte nach kurzem Entsetzen glaubhaft und sie akzeptiert die Vaterschaft des Jägers.
- Die Mutter, nun vollends von der Unschuld ihrer Tochter überzeugt, deckt ihr Täuschungsmanöver auf. Mutter und Tochter versöhnen sich, die Kommandantin ist obendrein entschlossen, ihrer Tochter fortan öffentlich beizustehen und sie ins elterliche Haus zurückzuholen.
- Nach der Rückkehr beider in die Stadt lässt sich auch der Kommandant von der Unschuld seiner Tochter überzeugen und söhnt sich mit ihr aus.

Die Darstellung der Folgen der Bekanntmachung wendet sich zunächst den Auswirkungen der Zeitungsnotiz im elterlichen Haus der Marquise zu.

Wirkung der Bekanntmachung

Nach ihrem Aufbruch ist es dort zu heftigen Ehezwistigkeiten gekommen, da die Obristin die „zerstörende Heftigkeit ihres Gatten" nicht guthieß und sich selbst die „Schwäche, mit welcher sie sich, bei der tyrannischen Verstoßung der Tochter, von ihm hatte unterjochen lassen" zum Vorwurf macht. Nach dem Abfeuern der Schusswaffe endlich, bei der sie vor Entsetzen das Bewusstsein verliert, wendet sie sich „mit einer durch die gehabte Anwandlung, schwachen und rührenden Stimme" gegen weitere Maßnahmen ihrer Tochter gegenüber. Der Kommandant lässt sich in der unsinnigen rasenden Wut, die völlig von ihm Besitz ergriffen hat, nicht besänftigen und bringt alle Rechtfertigungsansätze und Erklärungsversuche, die mütterliche Besorgnis für die pikante Verfassung der Marquise vorzubringen weiß, mit der Erklärung zum Verstummen, er habe keine Tochter mehr.

Elternhaus der Marquise: Eheliche Zwistigkeiten

Öffentliche
Antwort

Diese hartnäckige Ablehnung behält er auch dann noch bei, als die Obristin schon durch das Erscheinen der öffentlichen Bekanntmachung „auf das lebhafteste darüber betroffen" ist und als am nächsten Erscheinungstag des Blattes eine eingerückte Antwort auf die Aufforderung der Marquise erscheint, des Inhalts, dass sich „derjenige, den sie sucht", ihr zu einem genannten Zeitpunkt im Hause ihres Vaters „zu Füßen werfen" werde.

Er sieht sich durch das klare Indiz der Amoralität in der von ihm so lieb und wert gehaltenen Tochter plötzlich und bitter getäuscht und hält diese Notiz nun für einen abgefeimten Täuschungsversuch der Marquise und eines heimlichen Geliebten, die ihm und der Welt so eine vermeintliche Unschuld vorspiegeln wolle: „o die verschmitzte Heuchlerin! Zehnmal die Schamlosigkeit einer Hündin, mit zehnfacher List des Fuchses gepaart, reichen noch an die ihrige nicht! Solch eine Miene! Zwei solche Augen! Ein Cherub hat sie nicht treuer!" Deshalb weigert er sich, den beiden zu ihrem Treffen Zutritt in sein Haus zu gewähren.

Uneinsichtigkeit
des Kommandan-
ten

In der Kommandantin bestärkt die Nachricht jedoch die schon bestehenden Zweifel an einer Schuld der Marquise. Die Überlegung, „dass, wenn sie, von zwei unbegreiflichen Dingen, einem, Glauben beimessen solle, sie lieber an ein unerhörtes Spiel des Schicksals, als an diese Niederträchtigkeit ihrer sonst so vortrefflichen Tochter glauben wolle", wird durch ein Bittschreiben der Marquise, ihr zum betreffenden Zeitpunkt Einlass ins Elternhaus zu gewähren, noch bestärkt. Sie beschließt, ein ausdrückliches Verbot des Gatten übertretend, dem Landgut einen Besuch abzustatten, um die Marquise, sollte die Zeitungsnotiz tatsächlich ein abgekartetes Spiel gewesen sein, „in eine Lage zu versetzen […] in welcher sich ihre Seele verraten müsste, und wenn sie die abgefeimteste Verräterin wäre".

Plan der Mutter

Von einem Bedienten begleitet, fährt sie bei der Marquise vor, die sie in tiefster Rührung und Freude „von Gefühlen überwältigt" empfängt, und bittet diese „wegen der Härte, mit welcher sie aus dem väterlichen Hause verstoßen worden sei", um Verzeihung. Alle Versuche ihrer Tochter, ihr ins Wort zu fallen abwehrend, begründet sie ihren Besuch mit einem angeblich schon erfolgten Antrittsbesuch des anonymen Antwortschreibers und Vaters im Haus des Kommandanten, um so die Marquise auf die Probe zu stellen. Sie müsse der Marquise, die „mit unruhig arbeitender Brust" immer wieder in elliptischen Verkürzungen nach dem Namen des Schuldigen drängt – „Aber wer? wer? wer?" – allerdings eröffnen, dass der Betreffende „von niedrigem Stande, und von allen Forderungen, die man sonst an deinen Gemahl machen dürfte, entblößt" sei. Die Eröffnung, es handle sich dabei um Leopardo, den „Jäger, den sich der Vater jüngst aus Tirol verschrieb" und den die Kommandantin schon mitgebracht habe, „um ihn dir als Bräutigam vorzustellen", erscheint der Marquise jedoch nach kurzem Entsetzen durchaus glaubhaft. „Gott, mein Vater! [...] ich war einst in der Mittagshitze eingeschlummert, und sah ihn von meinem Diwan gehen, als ich erwachte! – Und damit legte sie ihre kleinen Hände vor ihr in Scham erglühendes Gesicht." So akzeptiert sie demütig und widerstandslos die Vaterschaft des Jägers.

Die Probe

Durch diese Reaktion nun völlig von der Glaubwürdigkeit ihrer Tochter überzeugt („o du Reinere als Engel sind"), beeilt sich die Mutter, ihr die Täuschung und damit den Probecharakter des Gesagten zu entdecken. Der innigen Versöhnung der beiden Frauen steht nun nichts mehr im Wege, und die Kommandantin ist in ihrer reuigen Zerknirschung über ihr eigenes mangelndes Vertrauen und mütterliches Versagen nun umso mehr entschlossen, sich öffentlich an die Seite ihrer Tochter zu stellen und diese, gerade für die Zeit der Schwangerschaft und Niederkunft, ins elterliche Haus zurückzuholen: „Ich biete der ganzen Welt Trotz; ich will keine andre Ehre mehr, als deine Schande [...]."

Erweis der Unschuld

Sie übernimmt es auch, bei der Rückkehr beider in die Stadt, den Vater von der Probe und ihrem glücklichen Ausgang zunächst allein zu unterrichten, und besteht darauf, dass dieser den Gang der Entschuldigung bei seiner von ihm in ihrer Ehre gekränkten Tochter von sich aus antritt: „Er soll dir abbitten [...]. Warum ist er so heftig! Und warum ist er so hartnäckig! Ich liebe ihn, aber dich auch; ich ehre ihn, aber dich auch. Und muss ich eine Wahl treffen, so bist du vortrefflicher, als er, und ich bleibe bei dir."

Rückkehr der Frauen in der Stadt

Die Szene der Wiedervereinigung von Vater und Tochter ist in rührender Bildhaftigkeit so sentimental gestal-

Aussöhnung mit dem Vater

tet, dass sie komisch-groteske Züge annimmt. Der wiedergefundene Glaube des Kommandanten an die Unschuld der Marquise äußert sich fast sprachlos und stark emotional – in Entsprechung und gleichzeitig im Kontrast zu seiner wütenden Raserei zuvor – in fortlaufenden Tränenausbrüchen und anhaltenden Liebkosungen der Tochter, beides Ausdrucksformen, die bis zur „Abendtafel" anhalten, „an welcher der Kommandant zwar sehr heiter war, aber noch von Zeit zu Zeit schluchzte, wenig aß und sprach, auf den Teller niedersah, und mit der Hand seiner Tochter spielte".

Das Treffen mit dem Grafen

- Im Hause des Kommandanten wird das Treffen mit dem unbekannten Heiratskandidaten vorbereitet.
- Die Eltern der Marquise, auch ihr Bruder, der sich inzwischen ebenfalls mit ihr versöhnt hat, plädieren für eine baldige Heirat, wenn der Bewerber nur einigermaßen passabel und nicht allzu arm ist.
- Das Angebot ihrer Eltern, das Kind zu adoptieren, sollte der Bewerber die Erwartungen nicht erfüllen, lehnt die Marquise ab. Sie möchte in jedem Fall, dass ihr Kind legitim und mit seinem Vater aufwächst.
- Mutter und Tochter, die den Unbekannten gemeinsam empfangen wollen, erwarten ihn zum verabredeten Zeitpunkt im Besuchszimmer.
- Zuerst betritt der Jäger Leopardo das Zimmer, was in Erinnerung an das Täuschungsmanöver des Kommandanten für eine erste Aufregung sorgt.
- Als dann Leopardo den Grafen F… ankündigt, geraten die beiden Frauen vollends in hektische Verwirrung.
- Die Marquise will aus dem Zimmer fliehen, als ihr der Graf in derselben Uniform, die er bei ihrer ersten Begegnung getragen hat, gegenübertritt.
- Gerade noch kann ihre Mutter sie daran hindern. Ohnehin hat sie die Situation inzwischen erfasst und sichert dem Grafen zu, ihm zu vergeben, sollte es ihm gelingen, mit ihrer Tochter ins Reine zu kommen.
- Die Marquise allerdings, die sich inzwischen in eine wütende Raserei gesteigert hat, hält an ihrer Zurückweisung des Grafen fest, bekräftigt sie noch, als der Kommandant herbeigerufen wird, und verlässt das Zimmer.

Vortag des vereinbarten Treffens

Nach dieser so glücklich erfolgten Familienzusammenführung wird der Marquise nun für das am nächsten Tage bang erwartete Treffen mit dem Unbekannten jedmögliche Hilfestellung zuteil. „Vater und Mutter, und auch der Bruder, der sich mit seiner Versöhnung eingefunden hatte", befürworten, „falls die Person nur von einiger Erträglichkeit sein würde", eine alsbaldige Heirat. Der Kommandant und seine Gattin erklären für den Fall eines widrigen Ausgangs der Unterredung ihre Absicht, die Illegalität des Kindes durch eine Adoption aufzuheben. Gegen ein derartiges helfendes Eingreifen der Eltern wendet sich die Marquise jedoch entschieden und hält an ihrem Entschluss fest, „in jedem Falle, wenn die Person nur nicht ruchlos wäre, ihr gegebenes Wort in Erfüllung zu bringen, und dem Kinde, es koste was es wolle, einen Vater zu verschaffen".

Beratungen, wie das morgige Aufeinandertreffen sowohl am schicklichsten wie auch für Ehre und Gemütsruhe der Marquise am zuträglichsten gestaltet werden solle, führen dazu, dass sich die Marquise und ihre Mutter in Abwesenheit der männlichen Familienmitglieder zum vereinbarten Zeitpunkt auf den erwarteten Gast vorbereiten.

> „Als die Glocke elf Uhr schlug, saßen beide Frauen, festlich, wie zur Verlobung angekleidet, im Besuchszimmer; das Herz klopfte ihnen, dass man es gehört haben würde, wenn das Geräusch des Tages geschwiegen hätte."

Ihre Ungewissheit und Erregung ist so groß, dass beide „Leopardo, de[n] Jäger [...] den der Vater aus Tirol verschrieben hatte", als dieser zur festgesetzten Zeit eintritt, in ahnungsvoll schreckhafter Erinnerung an die erst am Vortag von der Kommandantin vorgetragene Finte einen Moment lang für den tatsächlichen Verantwortlichen halten („Die Weiber erblassten bei diesem Anblick"), bis er seinen Auftrag, die Anmeldung des Grafen F..., vorbringen kann. Die Wirkung dieser Ankündigung ist eine ungeheuere.

Die Enthüllung des Schuldigen

Das bislang bestehende Tableau der ruhig in notwendigerweise passiver und ängstlich starrer Haltung wartenden Frauen löst sich auf und macht einer Szene größter Unruhe, Bewegung und Verwirrung Platz. Vor allem die Marquise setzt zu einer Reihe hektisch ausgeführter Handlungen an. Als ihrem Aufschrei „Verschließt die Türen! Wir sind für ihn nicht zu Hause" nicht rasch genug Folge geleistet wird, steht sie auf, „das Zimmer gleich selbst zu verriegeln", will den Bediensteten, „der ihr im Wege stand, hinausdrängen". Sie glaubt, als sie dennoch das Eintreten des Grafen „in genau demselben Kriegsrock, mit Orden und Waffen,

wie er sie bei der Eroberung des Forts getragen hatte",
nicht verhindern kann, bei diesem erinnerungsträchti-
gen Anblick „vor Verwirrung in die Erde zu sinken",
und kann eben noch von ihrer Mutter daran gehindert
werden, „in ein Seitenzimmer" zu entfliehen. Der
plötzlichen und wohl in Anbetracht der Person und des
Ranges des Grafen nicht nur unangenehmen Einsicht
der Mutter in den Tathergang bei der Einnahme des
Forts – „ich bitte dich, Julietta! [...] wen erwarten wir
denn –?" [...] „wen sonst, wir Sinnberaubten, als ihn –?"
– widersetzt sich die Marquise in einem angesichts der
äußeren Zeichen und inneren Logik der Situation absurden Sträuben, der Wahrheit ins Gesicht zu sehen –
„nun? doch ihn nicht –?" [...] „ich werde wahnsinnig
werden, meine Mutter!" – und stürzt im körperlichen
Gestus der Abweisung „beide Hände vor das Gesicht,
auf den Sofa nieder".

Die Bestürzung der Marquise

Bei all diesem Geschehen hat der Urheber dieses inneren Aufruhrs bislang kein Wort gesprochen. Vor der
Marquise auf die Knie geworfen „lag er, und blickte
hochglühend vor sich nieder, und schwieg". Nun wendet er sich bittend an die Kommandantin, die ihm ihre
Verzeihung und die der Familie zusagt, sollte es ihm
gelingen, mit ihrer Tochter ins Reine zu kommen.
Schüchterne Versuche dazu bleiben aber bei der wütenden Raserei, die die Marquise bei seinem Anblick ergriffen hatte und die sich bedrohlich steigert, völlig erfolglos. Die Marquise bekräftigt ihre Zurückweisung des

Die Marquise weist den Grafen zurück

Grafen – „gehn Sie! gehn Sie! [...] auf einen Lasterhaften
war ich gefasst, aber auf keinen – Teufel!" – durch das
Herbeirufen des Kommandanten und der nochmaligen
Aussage vor dem Familienoberhaupt in abschließender
quasi offizieller Form: „Diesem Mann, Vater, [...] kann
ich mich nicht vermählen!" Sie verlässt den Raum in
einer so übertrieben großartigen religiös metaphorischen Geste – sie „griff in ein Gefäß mit Weihwasser,
[...] besprengte, in einem großen Wurf, Vater und Mutter und Bruder damit, und verschwand" –, dass der
Kommandant – und mit ihm wohl auch der Leser – nur
verständnislos „von dieser seltsamen Erscheinung betroffen" nach Gründen für ein derartiges Inszenario fragen kann.

KURZINFO

Der Ehevertrag

- Der Kommandant, der den Grafen nicht zuletzt wegen seines gesellschaftlichen Ranges für einen geeigneten Schwiegersohn hält, setzt die Hochzeit für den nächsten Tag fest.
- Die Marquise weigert sich nach wie vor hartnäckig, den Grafen zu heiraten. Sie begründet ihre Ablehnung damit, dass sie „in diesem Falle, mehr an sich, als ihr Kind, denken müsse" (S. 46) – eine paradoxe Abweichung von ihren ursprünglichen Absichten.
- Am nächsten Morgen legt ihr der Kommandant einen Ehevertrag vor, den der Graf bereits unterschrieben hat. Darin wird vereinbart, dass der Graf auf alle Rechte eines Ehemanns verzichtet, allen übrigen ehelichen Pflichten aber nachkommt.
- In diese rein formale Heirat willigt die Marquise schließlich ein.

Der Anblick des Grafen F... – weiterhin in völliger, sprachhemmender Zerknirschung – und die Erklärungen seiner Gattin verschaffen ihm rasch einen Überblick über das Vorgefallene; in seiner sofortigen und einzigen an den jungen Offizier gerichteten Frage nach dem Hochzeitstermin mischen sich Missbilligung und Akzeptanz des nach rein gesellschaftlichen Kriterien doch passenden Schwiegersohns. Die Trauung wird kurzerhand auf den nächsten Tag festgesetzt – vom Kommandanten, der sich unter knapper Einhaltung der Höflichkeitsregeln gegen den Grafen verneigt, ihn dann aber einfach stehen lässt, um sich mit den beiden anderen Familienmitgliedern „in das Zimmer der Marquise zu verfügen". *Der Kommandant ordnet die Hochzeit an*

Die Unrast der Marquise hat sich zu einer völligen körperlichen und – wie es scheint – seelischen Lähmung gesteigert. Sie „lag im heftigsten Fieber, wollte durchaus von Vermählung nichts wissen, und bat, sie allein zu lassen". Ihre hartnäckige Weigerung, eine Heirat mit dem Grafen in Betracht zu ziehen, wird damit begründet, „dass sie, in diesem Falle, mehr an sich, als ihr Kind, denken müsse". Angesichts ihres offenkundig „überreizten Gemütszustande[s]" geht der Kommandant daran, unter der Hand alle nötigen Vorbereitungen zur Eheschließung zu treffen, und kann seiner Tochter am nächsten Morgen einen Ehevertrag vorlegen, unter dem die Unterschrift des Grafen beurkundet, dass er „auf alle Rechte eines Gemahls Verzicht tat, dagegen sich zu al- *Leib- und Willensstarre der Marquise*

Der Ehekontrakt

len Pflichten, die man von ihm fordern würde, verstehen sollte". Diese Möglichkeit einer rein formalen Heirat scheint der Marquise nach einigem Besinnen eine Teilnahme an der Trauung möglich zu machen, bei der ihre seltsame seelische Lähmung jedoch weiterhin anhält: „Die Marquise sah, während der Feierlichkeit, starr auf das Altarbild, nicht ein flüchtiger Blick ward dem Manne zuteil, mit dem sie die Ringe wechselte." Nach deren Abschluss verneigt sie sich wortlos zu einem so kalten Abschied vor ihrem Gatten, dass dieser nach der floskelhaften Frage des Kommandanten, „ob er die Ehre haben würde, ihn zuweilen in den Gemächern seiner Tochter zu sehen", nur eine unverständlich gestammelte Antwort hervorbringt, „den Hut vor der Gesellschaft abnahm und verschwand".

Für den Leser ist dieser Teil der Erzählung wohl der packendste, da in einer Fülle von bildhaften Szenen handlungsreichste, zugleich aber der verwirrendste. Nach dem gespannten Verfolgen des listenreichen Vorgehens der Mutter durch die Rückführung der Marquise in den Schoß ihrer Familie auf eine heitere Auflösung des Handlungskonflikts gestimmt, wird seine Erwartung auf eine durch die Zeitungsnotiz herbeigeführte Erklärung der rätselhaften Schwangerschaft der Marquise zwar trickreich durch die signalhaft verdoppelte Erwähnung der Nebenfigur des Jägers Leopardo kurzfristig auf eine falsche Spur gelenkt, dann aber durch das Bekenntnis des Grafen zur Vaterschaft bestätigt. Diese Eröffnung

führt nun, entgegen aller Erwartung, keine glückliche Lösung, sondern einen neuen Konflikt herbei. Die Handlung entwirrt sich nur scheinbar, um sich in Wahrheit neu zu verwickeln. Die Marquise, in paradoxer Abweichung von ihrer Zielsetzung – sie hatte sich zur öffentlichen Vatersuche entschlossen und bewusst die sich daraus eventuell ergebende widrige Verbindung um des Kindes willen akzeptiert –, verweigert nun in dem denkbar günstigsten Falle der Vaterschaft des Grafen ohne Rücksicht auf das Ungeborene in kapriziösem Eigensinn das Einhalten ihres Versprechens.

Die Zusammenführung

Die glückliche zweite Heirat
- Die Eheleute leben zunächst getrennt, der Graf in einer Wohnung in M..., die Marquise bei ihren Eltern.
- Erst zur Taufe ihres Sohnes treffen sie sich wieder. Der Graf hinterlegt in der Wiege des Kindes zwei Dokumente. Eines betrifft seinen Sohn, dem er ein beträchtliches Geldgeschenk macht; im zweiten setzt er die Marquise im Falle seines Todes als Alleinerbin seines Vermögens ein.
- Von nun an wird der Graf öfter in das Haus seiner Schwiegereltern eingeladen, und nach einiger Zeit beginnt er erneut, um die Marquise zu werben – diesmal mit einem glücklicheren Ausgang: Sie versöhnen sich und lassen sich ein zweites Mal trauen.

Die Erzählung muss noch einmal ansetzen, um das Geschehen zu einem guten Abschluss zu bringen.

Das Verhältnis von Erzählzeit und erzählter Zeit ändert sich, die größere Zeitspanne von dem Moment der Trauung an bis nach Ablauf eines Jahres nach der Entbindung der Marquise wird stark raffend zusammengefasst. Der Graf lebt vor der Niederkunft seiner Gemahlin in einer „Wohnung in M...", ohne mit der Gräfin in Verbindung zu treten. In Anerkennung dieser Zurückhaltung und seines „zarten, würdigen und völlig musterhaften Betragen[s] überall, wo er mit der Familie in irgendeine Berührung kam", wird er dann zur Taufe seines Sohnes eingeladen. Sich sowohl von seiner Frau wie von seinem Kinde fernhaltend, wirft er „zwei Papiere auf die Wiege desselben", Dokumente, die auf ein beträchtliches Geldgeschenk an den Knaben ausgefertigt sind und die Gräfin zur Alleinerbin seines Vermögens einsetzen. „Von diesem Tage an ward er", wie es heißt, „öfter eingeladen", ein Gesinnungswandel der Familie ihm gegenüber ist damit eingeleitet. Er fängt nach einiger Zeit, „da sein Gefühl ihm sagte, dass ihm von allen Seiten, um der gebrechlichen Einrichtung der Welt willen, verziehen sei, seine Bewerbung um die Gräfin, seine Gemahlin, von neuem an", die er diesmal zu einem guten Abschluss, einer zweiten Hochzeit, „froher als die erste", und zu einer ehelichen Verbindung führen kann, in der „eine ganze Reihe von jungen Russen [...] dem ersten" folgt. Mit diesem – endlichen – glücklichen Ausgang scheint die Reihe von mysteriösen Vorfällen, an denen sich die

Die Zurückhaltung des Grafen

Sein Taufgebinde

Wiederholung der Trauung

Handlung entwickelte, geklärt und abgeschlossen. Der Leser ist geneigt, sich zufrieden vom Geschehen abzuwenden – doch die Erzählung ist damit noch nicht zu Ende. Angefügt wird nämlich noch, dass der Graf seine Frau einmal drängt, ihm darüber Auskunft zu geben, weshalb sie an jenem vereinbarten Treffen, „da sie auf jeden Lasterhaften gefasst schien", gerade bei seinem Anblick so außer Fassung geraten und in ihren Absichten wankend geworden sei.

Die letzten Zeilen der Erzählung aber, die Antwort der Gräfin – sie sagt, „indem sie ihm um den Hals fiel: er würde ihr damals nicht wie ein Teufel erschienen sein, wenn er ihr nicht, bei seiner ersten Erscheinung, wie ein Engel vorgekommen wäre" –, stellen in der vertrauten, häufig für überraschende Wendungen gebrauchten syntaktischen Gestaltung und in ihrer dunklen Bildhaftigkeit keine glatte Erklärung dar, sondern geben ein neues Rätsel auf, das den Leser dazu verlockt, sich zu dessen Erhellung einer erneuten Lektüre der Erzählung zuzuwenden.

Zur Thematik

„Seine [Kleists] Geschichte der Marquisin von O.
kann kein Frauenzimmer ohne Erröten lesen."
(Dora Stock)
„Nur die Fabel derselben angeben, heißt schon,
sie aus den gesitteten Zirkeln verbannen."
(Karl August Böttiger)
Zit. nach: Günzel, 1985, S.11

In diesen beiden zeitgenössischen Urteilen über das
Werk wird in der Negativfolie der Warnung deutlich,
wie leicht man Kleists Erzählung als anekdotenhaft
locker-frivole Geschichte eines außerehelichen Bei-
schlafs, der sich daraus ergebenden Verwicklungen
und eines komödienhaft heiteren Endes auffassen
kann. Der Reiz des Textes wäre dann vor allem in der
Pikanterie des Sujets zu suchen. Diese Auffassung würde der Werkaussage jedoch nicht gerecht. Tatsächlich
wird die der Marquise unbewusst und ungewollt wider-
fahrende Schwangerschaft zu einem drastischen Bild
für die Situierung des Menschen in der Welt geformt.
Thema der Erzählung „Die Marquise von O…" ist das
Auftreten eines unerwarteten, regellosen und unbegreiflichen Ereignisses – eben der geheimnisvollen
Empfängnis der Titelfigur – in einer geordneten und
geregelten Welt und seine Folgen (1) für das Selbstverständnis der Marquise, (2) ihr Verhältnis zu ihrer Familie und (3) ihre Stellung innerhalb der Gesellschaft.

Aufnahme des Werkes

Die innere Verunsicherung des Ichs

KURZINFO

Die Bewusstseinskrise der Marquise

- Die ersten Anzeichen ihrer Schwangerschaft verwirren die Marquise und führen zu einer inneren Spaltung: Während sie unbewusst die körperlichen Veränderungen richtig deutet, garantiert ihr Bewusstsein die Unmöglichkeit einer Schwangerschaft.
- Als die Schwangerschaft als unumstößlicher medizinischer Befund festgestellt wird, stoßen zwei Wirklichkeiten aufeinander: einerseits die rationale, auf Kausallogik fußende Weltsicht von Arzt, Mutter und Hebamme, andererseits die Rationalität der Marquise, deren Bewusstsein ihr gerade die Unmöglichkeit der Schwangerschaft, des faktisch Bestehenden, bestätigt.

> - Die Marquise versucht, die für sie unerklärliche Schwangerschaft zunächst in das herkömmliche Ursache-Folge-Schema zurückzuführen und zieht eine unwissentliche Empfängnis in Betracht, scheitert aber an diesem Erklärungsversuch. Schließlich nimmt sie die Unerklärbarkeit ihrer Schwangerschaft hin.
> - Sie flieht in eine die rationale und natürliche Weltordnung transzendierende Wirklichkeit: Die Marquise setzt ihre eigene Geschichte mit der biblischen Episode der unbefleckten Empfängnis gleich und findet so wenigstens vorübergehend Trost und Ruhe.
> - Die Glorifizierung des eigenen Zustands führt allerdings zu neuen Verunsicherungen, denn mit ihr geht die Abwertung des tatsächlichen Vaters einher. Sie wird es der Marquise im weiteren Verlauf der Erzählung unmöglich machen, die Vaterschaft des Grafen zu akzeptieren.

Mit den ersten Anzeichen ihrer Schwangerschaft, „als sie sich, sonst die Göttin der Gesundheit selbst, von wiederholten Unpässlichkeiten befallen fühlte" (S. 8), sieht sich die Marquise allmählich und immer stärker einem Prozess unterworfen, dessen Ursprung und Vollzug ihr unbegreiflich sind:

> „Sie litt an Übelkeiten, Schwindeln und Ohnmachten, und wusste nicht, was sie aus diesem sonderbaren Zustand machen solle." (Ebd.)

Bewusstsein versus Unbewusstes

Die Tatsache, dass sich an ihrem eigenen Körper etwas vollzieht, das sich ihrem Bewusstsein entzieht, führt zu einer inneren Spaltung ihrer Person und, in paradoxer Umkehrung des Regelfalles, zu Situationen, in denen der unbewusste Teil ihrer Person einer richtigeren Einsicht in ihre Lage Ausdruck gibt als ihr Bewusstsein:

> „Eines Morgens […] sagte die Marquise, aus einer langen Gedankenlosigkeit erwachend […] wenn mir eine Frau sagte, dass sie ein Gefühl hätte, ebenso wie ich jetzt […], so würde ich bei mir denken, daß sie in gesegneten Leibesumständen wäre." (Ebd.)

Die Ohnmacht gegenüber dem Körper

Kann sie ihr Empfinden zu diesem Zeitpunkt noch konjunktivisch als gedankenlose Träumerei abtun und sich auf die Zuverlässigkeit ihres Tagbewusstseins stützen, das ihr die Unmöglichkeit dieser Vorstellung garantiert, so wird sie doch zunehmend durch die „unbegreifliche Veränderung ihrer Gestalt" (S. 20) in Bestürzung versetzt und wendet sich in der Verwirrung ihres Verstandes an Außenstehende um Hilfe.

„Sie entdeckte sich mit völliger Freimütigkeit ihrer Mutter, und sagte, sie wisse nicht, was sie von ihrem Zustand denken solle." (Ebd.)

Die Konfrontation mit den sachkundigen Ratgebern bringt jedoch keine Klärung, sondern führt die völlige Verunsicherung der Marquise herbei. Während medizinisch-wissenschaftlich die Schwangerschaft als unumstößlicher Befund konstatiert wird, garantiert das Bewusstsein der Marquise, ihr Verstandes- und Erinnerungsvermögen die Unmöglichkeit dieser Diagnose. Zwei Wirklichkeiten stoßen hier aufeinander.

Die rationale, auf Kausallogik fußende Weltsicht von Arzt, Mutter und Hebamme – „und gleichwohl muss es doch notwendig eins oder das andere gewesen sein" (S. 23), Falschaussage des Arztes oder der Marquise – ist auf die Auffassung eines widerspruchsfreien, nach festen Gesetzmäßigkeiten geregelten Naturlaufs gegründet. In der Marquise verwickelt sich diese Vorstellung in Widersprüche und führt sich selber ad absurdum, da ihre Rationalität, die Evidenz ihres Bewusstseins, ihr gerade die Unmöglichkeit des faktisch Bestehenden bestätigt. Da ein streng logisches Ursache-Folge-Denken aus dem Faktum des Befundes notwendig und eindeutig auf den Akt der Empfängnis schließt und keine Ungereimtheiten oder Widersprüche zulässt, versucht sie das Unerklärliche zunächst in das herkömmliche Denkschema zurückzuführen: Ihre sich wiederholenden Fragen erst nach der „Möglichkeit" (S. 22) einer Empfängnis an den Arzt und dann nach der „Möglichkeit einer unwissentlichen Empfängnis" (S. 26) an die Hebamme sind pathetische Anläufe, das Geschehen in ein rationales Weltbild einzuordnen. Nach Misslingen dieser Versuche steigert sich die innere Zerrissenheit der Marquise, der es den Verstand buchstäblich ‚verrückt' hat, bei der unleugbaren Einsicht, „dass das Entsetzliche, mich Vernichtende, wahr ist" (S. 24), zu einer so tief greifenden Verunsicherung, dass diese immer auffälligere Gestik der Unruhe zeichenhaft in einem Ohnmachtsanfall endet. Der leiblichen Bewusstlosigkeit entspricht dabei die tatsächliche und erzwungene Kapitulation des rationalen Bewusstseins angesichts des Unbegreiflichen. Während die anderen Figuren

Aporie der Rationalität

Die Ohnmacht des Rationalen

dem konfliktträchtigen Einbruch des Unerklärlichen in ihre geregelte und erklärte Welt durch die Bezichtigung der Marquise und ihre Ausgrenzung umgehen, ist ihm die Titelfigur der Erzählung, die sprichwörtlich am eigenen Leib getroffen ist, völlig ausgeliefert und damit isoliert.

In dem Moment des vereinzelnden Ausgeliefertseins an das Absurde, allen Denkgewohnheiten Gegenläufige, als sich die Gefahr des Irrsinns auftut – „die Marquise sagte, dass sie wahnsinnig werden würde" (S. 25) –, gibt die Betroffene alle Versuche auf, das ihr Widerfahrene mit rationalen Mitteln in Widerspruchsfreiheit zu überführen. Sie schickt sich in die Unerklärbarkeit des Ereignisses und in das offenkundige Bestehen einer die rationale natürliche Weltordnung transzendierenden Wirklichkeit:

> „Ihr Verstand, stark genug, in ihrer sonderbaren Lage nicht zu reißen, gab sich ganz unter der großen, heiligen und unerklärlichen Einrichtung der Welt gefangen." (S. 28)

In dieser verklärenden Akzeptanz des Irrationalen, in der sie aus der Gleichsetzung ihrer eigenen Geschichte mit der biblischen Episode der Unbefleckten Empfängnis, der Begattung durch den Heiligen Geist, Trost bezieht, findet ihr Sinn Ruhe. Die so gewonnene neue Selbstsicherheit trägt aber in ihrer Widersprüchlichkeit in sich schon den Kern einer neuen Verunsicherung. Der ironisch-grotesken Vereinnahmung göttlicher Vaterschaft für das „Wesen, das sie in der größten Unschuld und Reinheit empfangen hatte, und dessen Ursprung, eben weil er geheimnisvoller war, auch göttlicher zu sein schien, als der anderer Menschen" (S. 28) steht die Abwertung des tatsächlichen Vaters, der, „auf welchem Platz der Welt man ihn auch denken wolle, nur aus dem zertretensten und unflätigsten Schlamm derselben, hervorgegangen sein könne" (S. 29), diametral gegenüber. Die simultane schwarz-weiß-zeichnerische Glorifizierung des eigenen Zustands und Verdammung seines Urhebers wird es der Marquise im weiteren Verlauf der Erzählung unmöglich machen, die Vaterschaft des Grafen zu akzeptieren.

Marginalien:

‚Ver-rückung' der Vernunft

Die Hinnahme einer irrationalen Wirklichkeit

Die Gefährdung der neuen Selbstsicherheit

Die Ambivalenz der menschlichen Natur

KURZINFO

Die Doppelnatur des Menschen

- Die Figuren der Erzählung sind nicht nur rational handelnde, selbstbeherrschte Vernunftwesen, sondern durch ihre Triebnatur immer der Gefahr spontaner, intuitiver, zum Teil selbstzerstörerischer Handlungen ausgesetzt.
- Das belegt allererst die Beschreibung der Soldaten, die die Marquise angreifen. Sie ist abschätzig formuliert und dem animalischen Wortfeld entnommen. Die Soldaten verkörpern die Gefährlichkeit der reinen triebhaften Animalität des Menschen. Nicht zufällig erscheinen und handeln sie im Kollektiv.
- Der Graf ist dieser Gruppe zunächst als Einzelner entgegengestellt. Ebenso unterscheidet er sich von den Angreifern, deren Unmenschlichkeit sich in „abscheulichen Gebärden" (S. 4) ausdrückt, durch seine höflichen Umgangsformen.
- Allerdings steht er, was ungezügeltes, rein triebhaft gesteuertes Verhalten angeht, den Soldaten dann doch in nichts nach. Das zeigen die Vergewaltigung der Marquise, später auch das unerlaubte und heimliche Eindringen in das Landgut und sein Benehmen, seine immer wieder aufdringlichen körperlichen Annäherungsversuche der Marquise gegenüber.
- Auch die Marquise kämpft mit ihren erotischen Neigungen. Zwar scheint sie über die Anträge des Grafen zurückhaltend und nach konventionellen Formeln zu entscheiden, andererseits zeigt vor allem ihre Körpersprache, wie sehr sie ihn begehrt (vgl. z. B. die Landhausepisode).
- Die Marquise weigert sich lange Zeit, diese unbewusst triebhafte Seite ihrer Person anzunehmen. Erst am Ende der Erzählung scheint sie sich zu wandeln: Mit der zweiten Heirat akzeptiert sie eine körperlich vollzogene Ehe; so kann jedenfalls der Hinweis des Erzählers auf künftige Kinder verstanden werden.

Bei genauerem Hinsehen erweist sich, dass die Erzählung den konstatierten irrationalen, regellosen Charakter der Wirklichkeit in der Ambivalenz und Regellosigkeit der menschlichen Natur begründet sieht.

Das Bekenntnis des Grafen konfrontiert die Marquise mit dem Faktum, dass Irrationalität, Triebhaftigkeit, ungeordnete Begierde Wesensmerkmale des Menschen sind, und erweist die Nichtigkeit oder besser Unvollständigkeit ihres ersten Eindrucks von dem jungen russischen Offizier, ja die Hinfälligkeit ihres bisherigen Menschenbildes überhaupt. Das soll im Vergleich zweier Textabschnitte (s. S. 34/35) gezeigt werden, deren vorzüglicher Gegenstand das Verhalten des Grafen ist: (1) sein erstes Auftreten und (2) sein Eindringen in das Landgut. In der Rettungsszene werden deutliche Kontraste markiert. Die Beschreibung der Soldaten, die die junge

Der Mensch
als Triebwesen

Witwe angreifen, ist in geradezu übertriebener Eindeutigkeit pejorativ abschätzig und dem animalischen Wortfeld entnommen, „von der entsetzlichen, sich untereinander selbst bekämpfenden, Rotte" (S. 4) ist die Rede, von „Hunde[n], die nach solchem Raube lüstern waren", von einem „viehischen Mordknecht" (ebd.). Die rohen, in Gewalttätigkeit wie sexueller Gier gleichermaßen tierischen Züge der Angreifer treten klar zutage. In ihnen ist die Gefährlichkeit der reinen triebhaften Animalität des Menschen verkörpert, es ist dabei nicht zufällig, dass sie stets als Kollektiv erscheinen und agieren: „ein Trupp feindlicher Scharfschützen, der [...] sie [...] mit sich fortführte" (ebd.), „Man schleppte sie in den hinteren Schlosshof, wo sie [...] unter den schändlichsten Misshandlungen, zu Boden sinken wollte [...]". Ja selbst in der Erwähnung des „letzten viehischen Mordknecht[s], der ihren schlanken Leib umfasst hielt" (ebd.) ist die Vorstellung der Gruppe enthalten. Die Sprachlosigkeit des gesamten Vorgangs, der sich nur „unter abscheulichen Gebärden" (ebd.) abspielt, intensiviert zusätzlich den Eindruck der Unmenschlichkeit der Täter. Der Graf dagegen, von vornherein als Einzelner dieser triebbestimmten Masse entgegengestellt, ist in seinem Auftreten und Gebaren die klare Gegenfigur einer höflichen, beherrschten und zivilisierten Menschlichkeit. Den „abscheulichen Gebärden" der Soldaten wird das höfliche Anbieten seines Arms zum Geleit entgegengesetzt, „schleppte" man zuvor die Marquise an einen störungssicheren Ort, so „führte" der Graf sie nun an einen entsprechenden, „den andern [...] Flügel des Palastes" (ebd.), und wo die Soldaten stumm bleiben, steht ihm eine verbindliche französische Anrede zur Verfügung. Der Gegensatz zwischen ihm und den Angreifern ist so groß, dass er der Marquise beim ersten Anblick ins Übermenschliche erhöht erscheint: ihr „schien er ein Engel des Himmels zu sein" (ebd.). Diese Sicht erweist sich jedoch als beschränkt, die kontrastive Differenzierung zwischen Angreifer und Retter als nichtig, der Graf steht, was ungezügeltes, rein triebhaft gesteuertes Verhalten angeht, den gemeinen Soldaten in nichts nach.

In der zweiten Szene der Erzählung, die von einem Tête-à-tête zwischen ihm und der Marquise handelt und die in auffälliger Analogie zur ersten Begegnung gestaltet ist – das unerlaubte und heimliche Eindringen in das Landgut kann analog zum unerlaubten und heimlichen sexuellen Umgang mit der Frau gesehen werden; bei der Besprechung der Motivik der Novelle wird davon noch die Rede sein –, tritt diese Seite seines Wesens offenkundiger in Erscheinung. Die im ersten Abschnitt scharf getrennt erscheinenden Beschreibungsfelder werden sprachlich enggeführt. Seine Art, sich Zugang zur Marquise zu verschaffen, wird durch die ihm zugeordneten Bewegungsverben in ein schiefes Licht gerückt, und in seine höflichen Umgangsformen drängen sich immer wieder aufdringliche körperliche Annäherungsversuche ein. Auch sein Verhalten in der ersten Szene unterscheidet sich nur auf den ersten Blick vom Tun der Soldaten. Zwar wird dort jegliche Erwähnung der sexuellen Aggressivität des Grafen ausgespart und durch die Pausierung des Gedankenstrichs ersetzt, sie wird jedoch von dem kundigen, die Leerstelle ausfüllenden Leser ebenso wahrgenommen wie die wohl kaum engelhafte Art der Gewalttätigkeit, durch die der Graf die Marquise zu retten sucht und in der die animalisch triebhafte Seite seines Wesens Ausdruck findet.

In der Doppelnatur des Grafen, dessen unbewusste Wünsche und Begierden immer wieder gegen sein eigenes Wollen, Vernunftdenken und anerzogene Umgangsformen hinweg sein Handeln bestimmen, wird deutlich, dass eine kontrastive Klassifizierung nach Menschlichkeit und Animalität, nach Geistigkeit und Triebhaftigkeit eine künstliche, scheinbare – eine der Marquise in romantischer Verklärung so erscheinende – ist. Tatsächlich sind die Figuren der Erzählung durchweg nicht nur rational handelnde, selbstbeherrschte Vernunftwesen, sondern durch ihre Triebstruktur immer der Gefahr spontaner, intuitiver, zum Teil selbstzerstörerischer Akte ausgesetzt. Das hat auch Gültigkeit für die Marquise selbst.

Zwar scheint sie über die Anträge des Grafen geziemend zurückhaltend und nach konventionellen Formeln zu entscheiden, ihr Gebaren spricht jedoch von einer zunehmenden Berührtheit durch die Person des jungen Offiziers, dessen äußere Erscheinung als überaus anziehend beschrieben wird: „Die Marquise wusste nicht,

Schein und Eigentlichkeit des Grafen

Aggression und Sexualität

Spaltung zwischen Bewusstem und Unbewusstem bei der Marquise

Analogie und wechselseitige Erhellung: ein Textvergleich

Eindringen und Besitznahme

Die Marquise kam, mit ihren beiden Kindern, auf den Vorplatz des Schlosses, wo die Schüsse schon, im heftigsten Kampf, durch die Nacht blitzten, und sie, besinnungslos, wohin sie sich wenden solle, wieder in das brennende Gebäude zurückjagten. Hier, unglücklicher Weise, begegnete ihr, da sie eben durch die Hintertür entschlüpfen wollte, ein Trupp feindlicher Scharfschützen, der, bei ihrem Anblick, plötzlich still ward, die Gewehre über die Schultern hing, und sie, unter abscheulichen Gebärden, mit sich fortführte. Vergebens rief die Marquise, von der entsetzlichen, sich unter einander selbst bekämpfenden, Rotte bald hier-, bald dorthin gezerrt, ihre zitternden, durch die Pforte zurückfliehenden Frauen, zu Hülfe. Man schleppte

Angriff

Blick und Begehren

Analogie des Vorgangs

Körperliche Zudringlichkeit

Scheinbare Rettung

sie in den hinteren Schlosshof, wo sie eben, unter den schändlichsten Misshandlungen, zu Boden sinken wollte, als, von dem Zetergeschrei der Dame herbeigerufen, ein russischer Offizier erschien, und die Hunde, die nach solchem Raub lüstern waren, *mit wütenden Hieben zerstreute*. Der Marquise schien er ein Engel des Himmels zu sein. *Er stieß* noch dem letzten viehischen Mordknecht, der ihren schlanken Leib umfasst hielt, *mit dem Griff des Degens ins Gesicht*, dass er, *mit aus dem Mund vorquellendem Blut*, zurücktaumelte; bot dann der Dame, unter einer verbindlichen, französischen Anrede den Arm, und führte sie, die von allen solchen Auftritten sprachlos war, in den anderen, von der Flamme noch nicht ergriffenen, Flügel des Palastes, wo sie auch völlig bewusstlos niedersank. Hier – traf er, da bald darauf ihre erschrocknen Frauen erschienen, Anstalten, einen Arzt zu rufen; versicherte, *indem er sich den Hut aufsetzte*, dass sie sich bald erholen würde; und kehrte in den Kampf zurück. (S. 5 f.)

Als er am Tore abgestiegen war, und in den Vorplatz treten wollte, sagte ihm der Türsteher, dass die Frau Marquise keinen Menschen spräche. Der Graf fragte, ob diese, für Fremde getroffene, Maßregel auch einem Freund des Hauses gälte; worauf jener antwortete, dass er von keiner Ausnahme wisse, und bald darauf, auf eine zweideutige Art hinzusetzte: ob er vielleicht der Graf F... wäre? Der Graf erwiderte, nach einem forschenden Blick, nein; und äußerte, zu seinem Bedienten gewandt, doch so, dass jener es hören konnte, er werde, unter solchen Umständen, in einem Gasthofe absteigen, und sich bei der Frau Marquise schriftlich anmel-

_____ **Verhalten der Soldaten** .... **konventionelles Verhalten des Grafen**

den. Sobald er inzwischen dem Türsteher aus den Augen war, bog er um eine Ecke, und *umschlich die Mauer eines weitläufigen Gartens,* der sich hinter dem Hause ausbreitete. *Er trat durch eine Pforte, die er offen fand in den Garten, durchstrich* die Gänge desselben, und wollte eben die hintere Rampe hinaufsteigen, *als er,* in einer Laube, die zur Seite lag, *die Marquise,* in ihrer lieblichen und geheimnisvollen Gestalt, an einem kleinen Tischchen emsig arbeiten *sah.* Er näherte sich ihr so, dass sie ihn nicht früher erblicken konnte, als bis er am Eingang der Laube, drei kleine Schritte von ihren Füßen, stand. **Der Graf F…! sagte die Marquise, als sie die Augen aufschlug, und die Röte der Überraschung überflog ihr Gesicht.** *Der Graf lächelte, blieb noch eine Zeitlang, ohne sich im Eingang zu rühren, stehen; setzte sich* dann, mit so *bescheidener Zudringlichkeit,* als sie nicht zu erschrecken nötig war, *neben ihr nieder,* und *schlug,* ehe sie noch, in ihrer sonderbaren Lage, einen Entschluss gefasst hatte, *seinen Arm sanft um ihren lieben Leib.* **Von wo, Herr Graf, ist es möglich, fragte die Marquise – und sah schüchtern vor sich auf die Erde nieder.** *Der Graf sagte: von M…,* und *drückte sie ganz leise an sich; durch eine hintere Pforte, die ich offen fand. Ich glaubte auf Ihre Verzeihung rechnen zu dürfen, und trat ein.* **Hat man Ihnen denn in M… nicht gesagt – ? – fragte sie, und rührte noch kein Glied in seinen Armen.** *Alles, geliebte Frau, versetzte der Graf; doch von Ihrer Unschuld völlig überzeugt –* **Wie! rief die Marquise, indem sie aufstand, und sich loswickelte;** und *sie kommen gleichwohl?* **Der Welt zum Trotz, fuhr er fort,** *indem er sie festhielt* und Ihrer Familie zum Trotz, und dieser lieblichen Erscheinung sogar zum Trotz; *wobei er einen glühenden Kuss auf ihre Brust drückte.* – **Hinweg! rief die Marquise** – So überzeugt, sagte er, Julietta, als ob ich allwissend wäre, als ob meine Seele in deiner Brust wohnte – **Die Marquise rief: Lassen Sie mich!** – Ich komme, schloss er – *und ließ sie nicht* – meinen Antrag zu wiederholen, und das Los der Seligen, wenn Sie mich erhören wollen, von Ihrer Hand zu empfangen. **Lassen Sie mich augenblicklich! rief die Marquise; ich befehls Ihnen! riss sich gewaltsam aus seinen Armen, und entfloh.** Geliebte! Vortreffliche! *flüsterte er, indem er wieder aufstand, und ihr folgte.* – **Sie hören! rief die Marquise, und wandte sich, und wich ihm aus.** Ein einziges, heimliches, geflüstertes –! sagte der Graf, und *griff hastig nach ihrem glatten, ihm entschlüpfenden Arm.* – **Ich will nichts wissen, versetzte die Marquise, stieß ihn heftig vor die Brust zurück, eilte auf die Rampe, und ver-** schwand. (S. 31)

Eindringen
und
Besitznahme

Blick und
Begehren

Körperliche
Zudringlichkeit

---

kursiv **aggressives Verhalten des Grafen** fett **Reaktion der Marquise**

was sie von dieser Aufführung denken solle. Sie sah, über und über rot, ihre Mutter [...] an" (S. 10). Sein Auftreten stürzt sie in Verwirrung: „Die Marquise antwortete, mit einiger Verlegenheit: er gefällt und missfällt mir" (S. 18), und sein Antrag übt sichtlich großen Reiz auf sie aus: „In diesem Fall, versetzte die Marquise, würd ich – da in der Tat seine Wünsche so lebhaft scheinen, diese Wünsche – sie stockte, und ihre Augen glänzten, indem sie dies sagte – um der Verbindlichkeit willen, die ich ihm schuldig bin, erfüllen" (ebd.). In der Körpersprache scheint sich ein unbewusstes Begehren der jungen Witwe Ausdruck und Geltung zu verschaffen, das ihr den Grafen überaus anziehend macht. So fällt in der eben besprochenen Landhausepisode auf, dass die Marquise sich dem doch widerrechtlichen, gewaltsamen und erotisch-intimen Zudringen des Grafen zunächst erstaunlich willfährig und zugeneigt zeigt: „Der Graf F...! sagte die Marquise [...] und die Röte der Überraschung überflog ihr Gesicht" (S. 30), „und [sie] rührte noch kein Glied in seinen Armen" (ebd).

Körpersprache und Begehren

Durch die Analogie der Landhausbegegnung mit der Rettungsepisode legitimiert, kann man in der Bestürzung der Marquise und ihrer anschließenden Bewusstlosigkeit den Ansturm eines verdrängten, unbewussten erotischen Verlangens in dem durch die Handlungsweise der Soldaten geschaffenen sexuell-erotischen Kontext der Szene vermuten. Ihre Auffassung des Grafen als einem „Engel des Himmels" (S. 5) wäre nicht allein durch seine rettende Funktion, sondern auch, worauf der zweite für ihn verwendete, aus demselben Wortfeld stammende Vergleich „schön, wie ein junger Gott" (S. 9) ebenfalls aufmerksam macht, von seinem äußeren Eindruck auf sie bestimmt.

Die Marquise weigert sich jedoch, diese unbewusst triebhafte Seite im Menschen anzunehmen. Nirgends kommt ihr Verhältnis zu ihren eigenen körperlichen Bedürfnissen sprechender zum Ausdruck als in ihrer drastischen Erklärung über die Unmöglichkeit einer bestehenden Schwangerschaft: „Eher", als diese, so glaube sie, sei möglich, „dass die Gräber befruchtet werden, und sich dem Schoße der Leichen eine Geburt entwickeln wird!" (S. 22)

Die Merkwürdigkeit, dass sie über alle auffallenden Indizien für eine Vaterschaft des Grafen hinweggeht, und ihre unerhörte Bestürzung mit allen Begleiterscheinungen eines erneuten körperlichen wie seelischen Zusammenbruchs bei seinem Bekenntnis sprechen in der Tat für einen Akt der Verdrängung, des Nicht-Wahrhaben-Wollens der triebhaften Seite ihres Wesens. Die letzte abschlägige Antwort der Marquise auf die Anträge des Grafen im Landhaus kann in diesem Zusammenhang gesehen werden. Ihre abweisenden Gesten setzen bezeichnenderweise ein, als die Hinweise auf seine Vaterschaft deutlicher werden: „Ich will nichts wissen, versetzte die Marquise, stieß ihn heftig vor die Brust zurück, eilte auf die Rampe, und verschwand" (S. 31). Es wäre auch anzuführen, dass sie aus der tiefen Erstarrung, die die Beichte des Russen verursacht hatte, nur durch die Garantie einer formalen Eheschließung, d. h. unter Ausschluss jeglicher körperlicher Beziehungen zwischen den Ehegatten, zu erwecken ist. Nimmt man die besondere Betonung des Erzählers ernst, dass dem Paar nach der glücklicheren zweiten Heirat noch eine ganze Reihe von Kindern geschenkt wurde, so könnte dies als zeichenhafter Hinweis darauf zu verstehen sein, dass die Marquise sich zu einer körperlich vollzogenen Ehe bereit gefunden hat, in Akzeptanz der zwiefachen Geist-Leib-Natur des Menschen.

Die Verdrängung der Weiblichkeit

Wandlung der Marquise

Die Begründung des Grafen für seine erneute Werbung, „da sein Gefühl ihm sagte, dass ihm von allen Seiten, um der gebrechlichen Einrichtung der Welt willen, verziehen sei" (S. 47), ist in ihrem Hinweis auf die Schwachheit der menschlichen Natur die kontrapunktisch gesetzte, realistisch-ironische Entwertung der vormaligen verklärend sentimentalen Vorstellung der Marquise von „der großen, heiligen und unerklärlichen Einrichtung der Welt" (S. 28). Die Geschichte der Marquise könnte damit als ein Entwicklungs- und Ernüchterungs-, ja Menschwerdungsprozess der Hauptfigur gelesen werden.

Die Schwachheit des Menschen

Die soziale Verunsicherung des Ichs

Die Familienkonstellation

- Die Schwangerschaft der Marquise erweist sich als Prüfstein der familiären Bindungen: Sie treibt, wenigstens vorübergehend, einen Keil zwischen Tochter und Eltern und führt zur familiären wie sozialen Ächtung und Isolation der Marquise.
- Dabei entwirft Kleist, einer breiten Tradition des späten 18. Jahrhunderts folgend, das Bild einer bürgerlichen und patriarchalisch geordneten Kleinfamilie.
- Vor allem die Charakterisierung des Kommandanten weist darauf hin. Er erinnert an die Vaterfiguren im bürgerlichen Trauerspiel (vgl. Lessings Emilia Galotti oder Schillers Kabale und Liebe), gibt sich als Tugendwächter der Familie und straft die Marquise entsprechend hart, als ihre Schwangerschaft bekannt wird.
- Allerdings übernimmt Kleist die gängigen Familienvorstellungen seiner Zeit in parodierender Form und unterwirft sie damit der Kritik. Der Versuch des Kommandanten, die eigene Tochter zu töten, und dessen Misslingen belegen dies beispielsweise.
- Ebenso parodiert Kleist das zeitgenössische Ideal einer reinen und humanen Liebe unter den Familienmitgliedern, wenn er die Versöhnung zwischen der Marquise und ihrem Vater mit deutlich erotischen Untertönen beschreibt.

Das unerhörte Ereignis der in ihrem Ursprung rätselhaft erscheinenden Empfängnis stürzt die Marquise jedoch nicht nur in eine Bewusstseinskrise, sondern treibt einen Keil zwischen sie und ihre Eltern und führt zu ihrer familiären wie sozialen Ächtung und Isolation.

Das Verhalten der Familie

Das Faktum der Schwangerschaft erweist sich als Prüfstein für die familiären Bindungen. Zwar geht der Marquise, bei allen Schmähungen „heftig über den Irrtum ihrer Eltern weinend, und über die Ungerechtigkeit, zu welcher diese vortrefflichen Menschen verführt wurden" (S. 26), nie kindlicher Respekt und Achtung verloren, wohl aber beginnt der Leser angesichts ihrer Behandlung an der Angemessenheit dieser Einschätzung zu zweifeln. Vor allem das Verhalten des Kommandanten ist dabei wert, einer genauen Analyse unterzogen zu werden.

Mit der Gestaltung eines durch scheinbare oder drohende Verstöße gegen herrschende Moralauffassungen entstehenden Familiendramas stellt sich Kleist in eine breite Tradition des späten 18. Jahrhunderts. Es war dies ein vorzüglicher Gegenstand in einer von neuen Wertvorstellungen geprägten neuen literarischen Welt:

„Während die frühen Institutionen der bürgerlichen Öffentlichkeit in ihrem Ursprung der vom Hof sich lösenden adligen
Gesellschaft verhaftet sind, ist das in Theatern, Museen und
Konzerten sich bildende ‚große' Publikum ein bürgerliches,
auch nach den Kriterien seiner sozialen Herkunft. Sein Einfluß
gewinnt um 1750 Oberhand. Schon die moralischen Wochenschriften, die ganz Europa überfluten, treffen jenen Geschmack
[…]. Sie entspringen bereits Bedürfnissen eines bürgerlichen
Lesepublikums, die sich später in den literarischen Formen
des bürgerlichen Trauerspiels und des psychologischen
Romans genuin befriedigen können. Die Erfahrungen, über
die ein sich leidenschaftlich selbst thematisierendes Publikum im öffentlichen Räsonnement der Privatleute miteinander Verständigung und Aufklärung sucht, fließen nämlich aus
Quellen einer spezifischen Subjektivität: deren Heimstätte,
im buchstäblichen Sinne, ist die Sphäre der patriarchalischen
Kleinfamilie. Bekanntlich konsolidiert diese sich, hervorgehend aus Wandlungen der Familienstruktur, die sich mit
der kapitalistischen Umwälzung seit Jahrhunderten anbahnen, als der in bürgerlichen Schichten dominante Typus."
(Jürgen Habermas, 81976, S. 60 f.

Die bürgerliche
Welt

Im bürgerlichen Trauerspiel des ausgehenden 18. Jahrhunderts, etwa in Lessings *Emilia Galotti* (1772) oder
in Schillers *Kabale und Liebe* (1784), wird ein neuartiges
Familienmodell zum Kristallisationspunkt des bürgerlichen Selbstverständnisses, zum Austragungsort der
Konflikte zwischen Individuum und Gesellschaft und
zum Träger einer antiständischen Tugendideologie:

„In der zweiten Hälfte des 18. Jahrhunderts entsteht eine neue
Auffassung der Familie. Ich möchte hier offenlassen, wieweit
sie eine neue Wirklichkeit abbildet oder vor-bildet und mich
auf eine Skizze des Vorstellungswandels beschränken:
Nach älterem Denken ist die Familie die kleinste Zelle der
ständischen Gesellschaft, ‚durch ihre Aufgaben der Zeugung,
der Aufzucht und des Wirtschaftens gebunden an die Zielsetzung des Staates. Ein feindliches Gegenüber zwischen
häuslichen und staatlichen Wirkbereichen wurde nicht gespürt […].' Familia heißt im 17. Jahrhundert noch Hausgemeinschaft und umfaßt alle, die unter einem Dache wohnen
[…]. Seit der zweiten Hälfte des 18. Jahrhunderts setzt sich
demgegenüber die Vorstellung der Familie als einer Naturordnung eigenen Rechts durch, die sich aus der Gesellschaft
ausgliedert und der Welt draußen gegenüberstellt. ‚Die
Familienverbindung ist die natürlichste, älteste und heiligste
unter den Menschen', sagt der Brockhaus von 1834. Sie wird

Die Familie
im Wandel

Familie als Liebesgemeinschaft

nun als ideale Liebesgemeinschaft von Mann und Frau, Eltern und Kindern verstanden. Ökonomische, berufliche, gesellschaftliche Zwänge werden ihr zumindest der Idee nach äußerlich. In ihr herrschen Gefühle; draußen Normen, Regeln, Interessen. Drinnen ist Wärme und Geborgenheit, draußen findet der Kampf ums Dasein statt." (Gerhard Kaiser, 1984, S. 7 f.)

In dem Privatraum der bürgerlichen Kleinfamilie kann sich das aufklärerische Ideal des Privatmannes, der sich frei von gesellschaftlichen Zwängen rein als Mensch anderen Menschen mitteilt und sich an sie bindet, verwirklichen. In der Familie wird Humanität, Menschlichkeit gelebt, ihr Zusammenhalt ist nicht auf äußere Notwendigkeiten, sondern auf Liebe gegründet. Dieses Humanitätsideal bildet jedoch in Abgrenzung zur adligen Libertinage selbst wiederum einen inhuman strengen Tugendkatalog heraus. Da der Liebe als idealistischer Kategorie reiner Menschlichkeit solche Bedeutung zukommt, wird das sexuell-erotische Begehren komplementär abgewertet. Indem die Vaterfiguren im bürgerlichen Trauerspiel ihre Töchter, die weiblichen Hauptfiguren, vor den Sündenfällen der Geschlechtlichkeit zu bewahren suchen – wobei der Kindesmord der Unehrenhaftigkeit vorgezogen wird –, bewahren sie ihre eigene Standesethik gegenüber einer noch übermächtigen Dominanz der Adelsgesellschaft. In dieser paradoxen Handlungsweise der Väter erweist sich die bürgerliche Vorstellung von der Familie als zwangfreiem Ort der Menschlichkeit als in sich widersprüchlich und nichtig.

Familie als Ort der Menschlichkeit

Das bürgerliche Trauerspiel

Die paradoxe Situation der Väter

„„Als Garant des familialen Freiraums der Liebe und Harmonie ist der Vater Schutzmacht der Familie; als Repräsentant der Gesellschaft, in dem die Ansprüche und Dissonanzen des feindlichen Lebens' in die Familie hineinragen, gerät in dem Maße unter Sinnlosigkeitsverdacht, wie die Gesellschaft in Sinnkrisen gerät. Er erscheint als Verkörperung von Normen und Anforderungen, die gegenüber der Spontaneität im Intimraum der Familie allemal restriktiv wirken – auch in bezug auf seine eigene Menschlichkeit. Auf diese Weise wird der familiäre Binnenraum sublim und spannungsreich zugleich." (Ebd., S. 14 f.)

Kleist übernimmt diese gängigen Familienvorstellungen seiner Zeit in parodierender Form und unterwirft sie damit der Kritik.

Parodie des bürgerlichen Familienmodells

In der Anlage der Figur des Kommandanten sind die literarischen Vorlagen deutlich zu erkennen, sein Gebaren als strenger Tugendwächter der Familie bis hin zur versuchten Tötung der eigenen Tochter wird jedoch in dem Misslingen dieses Anschlags und in dem nachweislichen Scheincharakter seiner Vorwürfe an die Marquise ironisiert.

Die Vorstellung einer reinen menschlichen Liebe zwischen den Familienmitgliedern wird, zumindest im Falle der Vater-Tochter-Beziehung, als eine vordergründige enttarnt, da diese mit deutlichen erotischen Untertönen versehen ist.

Die Vater-Tochter-Beziehung

Die lange Bedenkzeit, das Missvergnügen und Ausweichen des Kommandanten beim Antrag des Grafen scheinen ebenso für eifersüchtige Bewahrungsversuche der Tochter zu sprechen wie der unangemessen rasende Zornesausbruch bei dem vermeintlichen Erweis eines Fremdgehens der Marquise. Die Szene der Wiedervereinigung von Vater und Tochter schließlich wird als eine Vereinigung von Liebenden gestaltet, die sich deshalb auch unter Ausschluss der Mutter vollzieht. Die zuvor subtilen Gefühle schaffen sich jetzt in Gebärden offenen Ausdruck: Die Marquise sinkt dem Vater „mit unendlichen Liebkosungen, zu Füßen" (S. 41) und wird von diesem auf den Schoß genommen, „was er sonst in seinem Leben nicht zugegeben hatte" (S. 41). Die Mutter sieht „die Tochter still [...] in des Vaters Armen liegen; indessen dieser [...] lange, heiße und lechzende Küsse [...] auf ihren Mund drückte: gerade wie ein Verliebter! Die Tochter sprach nicht, er sprach nicht; mit über sie gebeugtem Antlitz saß er, wie über das Mädchen seiner ersten Liebe, und legte ihr den Mund zurecht, und küsste sie" (ebd.). Sie unterbricht ihn, „da er eben wieder mit Finger und Lippen in unsäglicher Lust über den Mund seiner Tochter beschäftigt war" (ebd.) und „führte beide, die wie Brautleute gingen, zur Abendtafel" (ebd.).

Sprache der Erotik

Der Ausbruchsversuch der Marquise als Scheitern einer Utopie

KURZINFO

Der missglückte Ausbruchsversuch der Marquise

- Die Marquise lebt in einer patriarchalisch ausgerichteten Welt und unterliegt der väterlichen Bestimmungsgewalt.
- Unter dem Druck der Ereignisse gelangt sie zwar vorübergehend zu einer wenigstens äußerlich unabhängigen Position.
- Dieser Aufbruch zu weiblicher Selbstbestimmung ist allerdings zum Scheitern verurteilt; eine eigenständige Existenz außerhalb der patriarchalischen Rollenfestlegung und damit außerhalb der Gesellschaft ist der Marquise letztlich nicht möglich.
- Am Ende der Erzählung ist sie in gesellschaftlicher und ökonomischer Hinsicht erneut den strengen patriarchalischen Strukturen unterworfen.

Soziale Stellung der Marquise

Die gesellschaftlichen Rahmenbedingungen der Erzählung sind eindeutig patriarchalisch bestimmt.

So wird in den einleitenden Zeilen der Erzählung die Marquise als nur von männlichen Rollenfestlegungen bestimmt eingeführt, nämlich als Gattin, „verwitwete Marquise von O...", „Mutter" und „Tochter des Herrn von G..., Kommandanten der Zitadelle bei M..." (S. 3) und sich in ihren Handlungen, nach dem Tode ihres ersten Mannes, nach den Wünschen ihres Vaters richtend: „doch da der Obrist das Landleben nicht liebte, so bezog die Familie ein Haus in der Stadt" (S. 8).

Dominanz des Patriarchats

Die Dominanz der väterlichen Bestimmungsgewalt zeigt sich ebenso in den wiederholten Antworten des Kommandanten an der Stelle seiner Tochter – bei den Anträgen des Grafen – wie in seiner offensichtlichen Verfügungsgewalt über das Vermögen der Witwe, aber auch in dem von ihm zunächst gegen den Willen der Marquise geregelten Arrangement einer Zweckheirat. Vereinbarung und Terminierung der Trauung werden allein unter den beiden Männern abgemacht. Die hilflose Resignation der Kommandantin gegenüber der männlichen Tötungs- und Ausweisungsstrategie ist ein weiteres Indiz weiblicher Ohnmacht.

Ausbruch der Frauen aus den starren Konventionen

Unter dem Druck der Ereignisse wagen jedoch beide Frauen einen Ausbruch aus der Starrheit der patriarchalischen Gesellschaft hin zu eigener Aktivität und Rollendefinition. Die Marquise schafft sich, wenn auch nur vorübergehend, eine auch äußerlich unabhängige Position: „Durch diese schöne Anstrengung mit sich selbst bekannt gemacht, hob sie sich plötzlich, wie an ihrer eigenen Hand, aus der ganzen Tiefe, in welche das Schicksal sie herabgestürzt hatte, empor" (S. 27). Ihre Mutter tritt ihr, nachdem sie durch die heimliche Initiative des Besuchs gegen den Willen des Gatten aufbegehrt hatte, entschlossen zur Seite: „Ich biete der ganzen Welt Trotz; ich *will* keine andre Ehre mehr, als deine Schande" (S. 39).

Der Fortgang der Handlung erweist jedoch diesen Aufbruch zur weiblichen Selbstbestimmung als zum Scheitern verurteilt. Aus der Überlegung heraus, dass ihrem Kinde – da nur durch die mütterliche Herkunft und nicht durch eine männliche Linie abstammungsmäßig einordbar – „ein Schandfleck in der bürgerlichen Gesellschaft ankleben sollte" (S. 28), greift die Marquise unter Vernichtung ihrer eigenen eben erst gefundenen Position der Unabhängigkeit zu dem Mittel der öffentlichen Bekanntmachung, um „den Vater zu entdecken" (ebd.). Das Angebot des Kommandanten, als Ersatz für eine legitimierende Namensgebung durch den Zeuger einzutreten – unter ungünstigen Bedingungen, wollen die Eltern „die Marquise nach wie vor bei sich [...] behalten, und das Kind [...] adoptieren" (S. 42) –, erweist sich als unnötig, da der Graf seine Aufgaben als gesetzliches Familienoberhaupt und ökonomischer Versorger wahrzunehmen bereit ist. So ist auch die Marquise am Ende der Erzählung behutsam durch ihre Heirat in eine erneute Abhängigkeit vom Manne zurückgeführt worden, wobei die klare Darlegung des Unterbaus der patriarchalischen Gewalt, die Kontrolle über die rechtlichen und wirtschaftlichen Grundlagen der Existenz, in Form der Festlegung der Erbfolge und in der Darbietung des Geldgeschenks wesentlich zum glücklichen Handlungsausgang beiträgt. Eine eigenständige weibliche Existenz außerhalb der patriarchalischen Rollenfestlegung, und damit außerhalb der Gesellschaft, ist nicht aufrechtzuerhalten. Kleist stellt auffallend häufig weibliche Figuren in den Mittelpunkt seiner Werke. Am Beispiel der Marquise wird das Bestreben einer weiblichen Identitätsfindung betont, die allein auf das eigene Innere, die eigene Person gegründet ist: „hob sie sich plötzlich, wie an ihrer

Rückbindung an
patriarchalische
Strukturen

Die ökonomische
Abhängigkeit

Die Frau als „Held"

eigenen Hand, aus der ganzen Tiefe [...]" (S. 27). Dies könnte als Spiegel der menschlichen Suche nach einem Ort der Selbstfindung und der Möglichkeit der Selbstverwirklichung außerhalb gesellschaftlicher Zwänge und beruflicher Einengungen und Verformungen verstanden werden.

Als Modellfigur einer freien und in sich gegründeten Existenz erscheint die Frau besonders geeignet, da ihr Lebensraum im Gegensatz zum Manne gemäß des neuen bürgerlichen Familienideals der nichtberufliche, nicht wirtschaftlichen und gesellschaftlichen Zwängen unterworfene Privatraum der Familie ist.

> „Die Mutter wird zur Repräsentantin des familiären Binnenraums. Sie umsorgt liebevoll den heimkehrenden Mann und bereitet den Kindern eine Sphäre der seelischen Intensität, in der Kindheit in unserem Sinne quasi erst entsteht. Die Überhöhung dieser neu gedeuteten Mutterfigur ist Mutter Natur, eine Leitvorstellung der Sturm-und-Drang-Periode. Der Vater repräsentiert demgegenüber Geist, Geschichte, Gesetz. Er ist stark als Vermittler zur Gesellschaft, zur Welt des Staates und Berufs, aber er wird zugleich problematisch in dieser Vermittlerrolle. In Schillers ‚Lied von der Glocke', für Generationen Kanon bürgerlicher Welt- und Familienauffassung, heißt es:
> ‚Der Mann muß hinaus
> Ins feindliche Leben,
> Muß wirken und streben
> Und pflanzen und schaffen,
> Erlisten, erraffen,
> Muß wetten und wagen,
> Das Glück zu erjagen.
> [...]
> Und drinnen waltet
> Die züchtige Hausfrau [...].'"

> (Kaiser, 1984, S. 8)

Erzieherin
zur Humanität

Geleitet von diesen Vorstellungen, sieht Kleist in der Frau die Mittlerin hin zu einem höheren Grad an Menschlichkeit. So schreibt er in einem Brief vom 16. September 1800 an seine zeitweilige Braut Wilhelmine von Zenge:

> „Deine Bestimmung, liebe Freundin, oder überhaupt die Bestimmung des Weibes ist wohl unzweifelhaft und unverkennbar; denn welche andere kann es sein, als diese, Mutter zu werden, und der Erde tugendhafte Menschen zu erziehen?

Und wohl Euch, daß Eure Bestimmung so einfach und beschränkt ist! Durch Euch will die Natur nur ihre Zwecke erreichen, durch uns Männer auch der Staat noch die seinigen, und daraus entwickeln sich oft die unseligsten Widersprüche."

(Kleist an W. von Zenge, Würzburg)

Die Ambivalenz dieses Frauenbildes, die Aporie, in die diese Auffassung mündet, liegt auf der Hand. Da, wie das Beispiel der Marquise zeigt, die gesellschaftlichen und wirtschaftlichen Zwänge in Wahrheit nicht vor der Familie und vor dem weiblichen Lebensraum haltmachen, diese im Gegenteil gerade den strengen patriarchalischen Strukturen in besonderem Maße unterworfen sind, ist für die Hauptfigur dieser Erzählung ein Bewahren von autarker Identität nicht möglich. Die weibliche Existenz, von Kleist als utopisches Modell der Selbstverwirklichung entworfen, verwandelt sich ihm unter der Hand in ein Paradigma gesellschaftlicher Unterdrückung.

Die Widersprüchlichkeit des Frauenbildes

Der Ausbruchsversuch der Marquise könnte zusätzlich in Verbindung gesehen werden mit Kleists Versuchen, sich aus der unendlichen Kette von ökonomischen, militärisch oder politisch hierarchischen Anforderungen seines Standes, des abhängigen preußischen Militär- oder Dienstadels, denen er nicht gerecht werden wollte und konnte, zu befreien und einen eigenständigen Platz am Rande oder in einer Nische der Gesellschaft zu finden. In einem Brief an seine Schwester Ulrike entwirft er den Plan, sich auf ein Gut in der Schweiz zurückzuziehen und stellt ihr die Dringlichkeit, ja innere Notwendigkeit dieser Sache vor Augen:

Bezüge zu Kleists Biographie

„Ich habe also unter sehr vielen beurteilten Landgütern endlich am Thuner See eines gefunden, das mir selbst wohl gefällt, und, was Dir mehr gelten wird, auch von meinen hiesigen Freunden für das schicklichste gehalten wird. – Die Güter sind jetzt im Durchschnitt alle im Preise ein wenig gesunken, weil mancher, seiner politischen Meinungen wegen, entweder verdrängt wird, oder freiwillig weicht. Ich selbst aber, der ich gar keine politische Meinung habe, brauche nichts zu fürchten und zu fliehen. – Das Gut also von dem die Rede war, hat ein kleines Haus, ziemlich viel Land, ist während der Unruhen ein wenig verfallen und kostet circa 3500 Rth. Das ist in Vergleichung der Güte mit dem

Thuner Plan

Preise das beste das ich fand. Dazu kommt ein Vorteil, der mir besonders wichtig ist, nämlich daß der jetzige Besitzer das erste Jahr lang in dem Hause wohnen bleiben, und das Gut gegen Pacht übernehmen will, wodurch ich mit dem Praktischen der Landwirtschaft hinlänglich bekannt zu werden hoffe, um mich sodann allein weiter forthelfen zu können. – [...] Wenn ich also, wie Du schreibst, auf Deine Unterstützung rechnen kann, wenn Du mir eine – wie nenne ich es? Wohltat erzeigen willst, die mir mehr als das Leben retten kann, so lege mir zu meinem übriggebliebenen Kapital so viel hinzu, daß ich das Gut bezahlen kann. [...]"

(Kleist an Ulrike v. Kleist, 12. Januar 1802, Bern)

Die Pläne zerschlagen sich vor allem wegen des chronischen Geldmangels der Familie, auf deren finanzielle Unterstützung Kleist sein Leben lang angewiesen bleiben wird.

Wie im Falle des Ausbruchs- und Rückzugsversuchs der Marquise erweisen sich die ökonomischen und sozialen Zwänge als übermächtig.

Zur Komposition

Die Struktur der Erzählung

Die Erzählung weist ein klares Gefüge auf: Von ihrem Anfang, den expositorischen Zeilen über die öffentliche Bekanntmachung der Marquise, werden in einem Rückblick die Ursachen dieser Handlungsweise aufgerollt und der Leser wieder an den Moment des Entwurfs der Zeitungsnotiz herangeführt, um ihn dann mit deren Folgen bekannt zu machen. Rückblick

Der formalen Zweiteilung mit der Annonce als Hälftungspunkt entsprechen die unterschiedlichen Lesererwartungen, die an den Handlungsverlauf herangetragen werden. Ihr entspricht aber auch die Regie der Personenkonfigurationen in der Erzählung. Wird die Marquise zu Beginn der Handlung im Kreise ihrer Familie angetroffen, so löst sie sich im ersten Teil der Erzählung immer mehr aus dieser Figurengruppe heraus; bei dem Verfassen der Bekanntmachung steht sie allein, während der zweite Teil der Erzählung ihre schrittweise Rückführung in die Familiengruppe – unter Vermehrung derselben – umfasst.

In diesem Menuett der Figurentrennung und Figurenzusammenführung ist die Konfliktstruktur der Erzählung ablesbar: Es lassen sich eine Phase der zunehmenden Konfliktverflechtung, der inneren Verunsicherung wie gesellschaftlichen Isolation der Marquise und eine Phase der zunehmenden Konfliktentwirrung, der Wiedereingliederung der Hauptfigur unterscheiden. Trenn-, Höhe- und Wendepunkt stellt dabei das Verfassen der Annonce dar. Die Rückführung der Marquise in ihr soziales Umfeld wird durch das Bekenntnis des Grafen zeitweilig unterbrochen, dieses Handlungsmoment schafft neue Verwirrung und zögert dadurch das Ende hinaus. Personen-konfiguration

Der streng tektonische Aufbau der Erzählung ist damit offenkundig, die Verwandtschaft zum Dramenbau ersichtlich. Sowohl diese formalen Kriterien wie auch die Untersuchung der Problemführung sprechen für die Einordnung der Erzählung in die Gattung Novelle: Strenger Aufbau

Novelle:
Begriffsbestim-
mung

„**Novelle** (lat. *novella* sc. *lex* = Nachtragsgesetz, ergänzende Rechtsverordnung, zu lat. novus = neu; dann ital. = Neuigkeit, seit der Renaissance lit. Begriff), kürzere Vers- oder meist Prosaerzählung e. neuen, unerhörten, doch im Ggs. zum Märchen tatsächlichen oder möglichen Einzelbegebenheit mit e. einzigen Konflikt in gedrängter, geradlinig auf e. Ziel hinführender und in sich geschlossener Form und nahezu objektivem Berichtstil ohne Einmischung des Erzählers, epische Breite und Charakterausmalung des Romans, dagegen häufig in Gestalt der Rahmen- oder chronikalischen Erzählung, die dem Dichter e. eigene Stellungnahme oder die Spiegelung des Erzählten bei den Aufnehmenden ermöglicht und den streng tektonischen Aufbau der N., den sie mit dem Drama gemeinsam hat, betont."
(Gero von Wilpert, *Sachwörterbuch der Literatur, Stuttgart* ⁵1969)

Wie sich die Handlungsstruktur darstellen lässt, ist der folgenden Übersichtsskizze (S. 48) zu entnehmen.

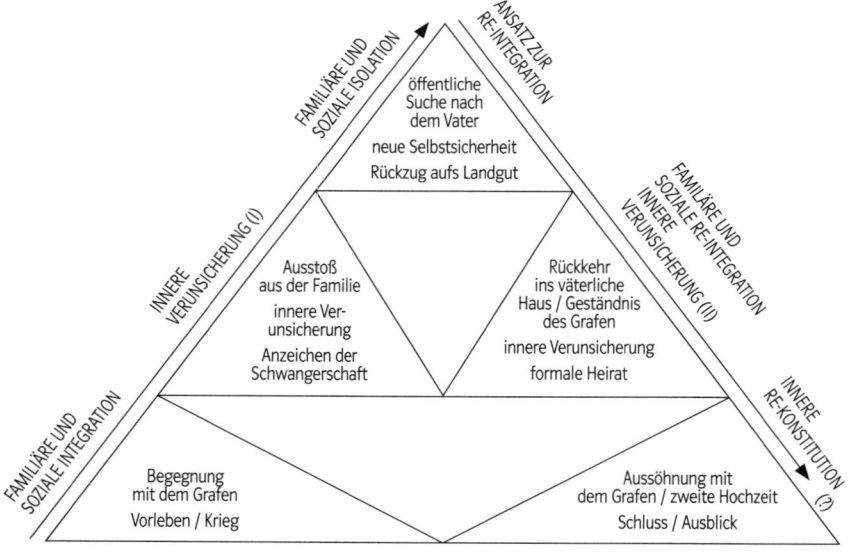

Die Bildsymbolik der Novelle

Der Handlungskern der Erzählung, die erotische Annäherung des Grafen an die Marquise und seine Besitzergreifung von der Frau, wird in einer Reihe von analogen Bildern ausgestaltet.

Bildlichkeit

So ist in der Belagerung und Einnahme der Zitadelle durch die russischen Truppen auf metaphorischer Ebene eine Entsprechung zur sexuellen Zudringlichkeit des Grafen in Bezug auf die Marquise zu sehen. Hier wird von dem traditionellen literarischen Motiv der Minneburg Gebrauch gemacht, in dem die Frau mit einer Feste gleichgesetzt wird, deren Eroberung sich der werbende Mann zum Ziel gesetzt hat. Allerdings besteht der erzählerische Reiz dieses Motivs gewöhnlich, im Unterschied zu seiner Verwendung in der Kleist'schen Novelle, in der langen ausschmückenden Gestaltung der Belagerungsphase, der Werbung des Mannes.

Motiv der Minneburg

Der durch den kriegerischen Angriff verursachten äußerlichen Unordnung, Verwirrung und Zerstörung bei der Einnahme des Forts entspricht die in einem Aufruhr der Begierden hervorgerufene innere Unordnung und Verwirrung des Grafen. Die „Flamme, welche wütend um sich zu greifen anfing" (S. 5), das Naturelement Feuer, das in naturgewaltiger Macht die Anlagen vernichtet, wird mit der Handlung des Grafen in Verbindung gebracht durch die Feststellung, er sei „sehr erhitzt im Gesicht" (ebd.), als er nach vollzogenem Missbrauch der Marquise aus dem Gebäude tritt, und damit zum Ausdruck seiner zerstörerischen Triebhaftigkeit. Die letztlich zustimmende Erklärung des Kommandanten auf den Antrag des Grafen hin – „Nun so macht! macht! macht! rief der Vater, indem er sich umkehrte: ich muss mich diesem Russen schon zum zweiten Mal ergeben!" (S. 19) – nimmt dieses Bild der belagerten und sich ergebenden Feste noch einmal auf. Dass in dieser Variante nicht die Marquise, sondern der Kommandant der Kapitulierende ist, deutet auf die angesprochenen erotischen Untertöne der Beziehung zwischen Vater und Tochter hin.

Naturelement und Triebhaftigkeit

Variation des Motivs

Dem Bild der Frau als einzunehmende Burg wird ein zweites, verwandtes zur Seite gestellt. In der Landhausepisode befindet sich die Marquise in einer Gartenanlage, die durch eine Mauer nach außen abgeschlossen ist.

Hortus conclusus — Der verschlossene Garten, lat. hortus conclusus, ist in dem alttestamentlichen Hohelied der Liebe eine Metapher für die begehrte Frau und wird später in der christlichen Symbolik zum bildhaften Gleichnis für die Unberührtheit, die Jungfräulichkeit Mariens. Das eigenwillige und heimliche Eindringen des Grafen kann vor diesem Hintergrund als bildhafte Wiederholung seiner ersten Begegnung mit der Marquise verstanden werden; die beiden Episoden sind symmetrisch angelegt und haben Verweisungscharakter. Sie erhellen sich gegenseitig, wie die oben durchgeführte vergleichende Analyse von Handlungsweise und Reaktionen der beiden Hauptfiguren gezeigt hat.

Religiöse Symbolik — Mit der Anspielung auf das Hortus-conclusus-Motiv ist die dominierende Bildebene des Textes angesprochen, die der religiösen Symbolik. Sie dient vor allem der Charakterisierung der beiden Hauptfiguren, der Marquise und des Grafen, und es ist auffällig, wie hierbei mit Analogie und Gegensatz gearbeitet wird.

Engel/Teufel — Was den Grafen anlangt, so wird seine komplexe Veranlagung zunächst geteilt, sie tritt sozusagen stückweise in Erscheinung. In der ersten Begegnung sieht die Marquise nur die höfliche und ritterliche Beflissenheit, da „schien er ein Engel des Himmels zu sein" (S. 5). In der Beichtszene blickt sie ausschließlich auf die irrationale, triebhafte Seite seines Wesens, „auf einen Lasterhaften war ich gefasst, aber auf keinen – – – Teufel!" (S. 44). In ihrem Schlusswort bringt sie beide Eindrücke in einen Kausalzusammenhang: „er würde ihr damals nicht wie ein Teufel erschienen sein, wenn er ihr nicht, bei seiner ersten Erscheinung, wie ein Engel vorgekommen wäre" (S. 47). Zu diesem Gegensatzpaar des Guten, Reinen, Helfenden auf der einen und des Bösen, Lasterhaften, zur Sünde Verführenden auf der anderen Seite, tritt ein zweites ergänzend hinzu. Es wird in dem Aufeinandertreffen des Offiziers und der Soldaten bei der versuchten Vergewaltigung verwendet. Der Vorstellung des Vergeistigten, Körper- und Geschlechtslosen, die im Wortfeld „Engel" mitgegeben ist, begegnet im scharfen Gegensatz die Fülle der Tiermetaphern, die Ausdruck einer bloßen Körperhaftigkeit, Aggressivität und Geschlechtlichkeit sind. Was die Marquise an dem Fehltritt

Tiermetaphern

des Grafen so verletzt, erschüttert und verunsichert, ist gerade sein Fallen aus der Kategorie des engelhaft Übermenschlichen, die sie ihm zugeordnet hatte, in die des Tierischen, aus ihrer Sicht Unmenschlichen. Während sie einem Bediensteten mit der zeichenhaften Rang- und Namensgebung „Leopardo, der Jäger", die ein raubtierhaftes Auf-Beute-Aussein gleich zweimal enthält – der Leopard oder Panther steht zudem nach der traditionellen Tiersymbolik für Begierde und Lüsternheit –, ein rein triebhaftes Verhalten zuzugestehen bereit ist, ist ihr dies im Falle des Grafen im höchsten Grade widerwärtig. Dabei klingt in ihrer paradoxen Engel-Teufel-Zuschreibung im Schlusssatz etwas von der außerbiblisch überlieferten Geschichte des Engelssturzes an. Der Fall Luzifers ist so verwerflich, da er durch seine vormalige Begabung und Stellung vor allen anderen ausgezeichnet war.

Christliche Tiersymbolik

Engelssturz

Religiöse Symbole werden auch in der Darstellung der Marquise verwendet. So berichtet der Graf von einem Traum, in dem ihm ihr Bild in seltsamer Verwechslung erschien:

> „wie er die Vorstellung von ihr, in der Hitze des Wundfiebers, immer mit der Vorstellung eines Schwans verwechselt hätte, den er, als Knabe, auf seines Onkels Gütern gesehen; dass ihm besonders eine Erinnerung rührend gewesen wäre, da er diesen Schwan einst mit Kot beworfen, worauf dieser still untergetaucht, und rein aus der Flut wieder emporgekommen sei; dass sie immer auf feurigen Fluten umhergeschwommen wäre, und er Thinka gerufen hätte, welches der Name jenes Schwans gewesen, dass er aber nicht im Stande gewesen wäre, sie an sich zu locken, indem sie ihre Freude gehabt hätte, bloß am Rudern und In-die-Brust-sich-werfen" (S. 16).

Der Schwanentraum

Die Verunreinigung des Schwanes „auf feurigen Fluten" verweist auf sein Vergehen an der Marquise in jener Brandnacht des Angriffs. Dass diese ihre reine Unschuld dadurch nicht verliert, wird in doppelter Form zeichenhaft ausgedrückt: in der Namensgebung, da „Thinka" die Kurz- oder Koseform zu Katharina, lat. die Reine, ist, und in der Gleichsetzung der Marquise mit einem Schwan, durch die die Farbgebung Weiß assoziiert wird. Die Betonung ihrer Unberührtheit wird durch die zahllosen Anspielungen der Marquise auf das weibliche Ur-

Die Marquise als marianische Figur

und Vorbild der Jungfräulichkeit schlechthin, die Figur Mariens, verstärkt. Die Hebamme versichert ihr bei ihrer Nachfrage, dass eine unwissentliche Empfängnis „außer der heiligen Jungfrau, noch keinem Weibe auf Erden zugestoßen wäre" (S. 26). Sie selbst schickt sich marienhaft demütig in die „große, heilige und erklärliche Einrichtung der Welt" (S. 28) und schreibt ihrem Kinde, „das sie in der größten Reinheit und Unschuld empfangen" einen Ursprung zu, der „eben weil er geheimnisvoller war, auch göttlicher zu sein schien, als der anderer Menschen" (S. 28).

Komplementäre Wesenszüge der Marquise

Neben der Selbststilisierung ins Durchgeistigte, Verklärte werden jedoch auch ganz andere Wesenszüge der Marquise konturiert. In seinem Schwanentraum erklärt der Graf ihre Unzugänglichkeit damit, dass sie „ihre Freude gehabt hätte, bloß am Rudern und In-die-Brust-sich-werfen" (S. 17), eine Geste der Selbstgenügsamkeit, des Stolzes, aber auch der Selbstgefälligkeit.

Überdies ist der Schwan, wenn auch ein edles, so doch ein Tier. Und auch für die Marquise werden des Öfteren Metaphern aus dem Tierbereich verwendet. Die zornigen Anschuldigungen des Kommandanten: „Zehnmal die Schamlosigkeit einer Hündin, mit zehnfacher List des Fuchses gepaart, reichen noch an die ihrige nicht! Solch eine Miene! Zwei solche Augen! Ein Cherub hat sie nicht treuer!" (S. 34) machen zwar Gebrauch von dem gleichen Bildkontrast, der sonst für den Grafen verwendet wird, müssen aber in der Folge wieder zurückgenommen werden. Doch in der metaphorischen Gestaltung der Enthüllungsszene werden ihr eindeutig und endgültig animalisch-leidenschaftliche und aggressiv-gewalttätige Züge zugeordnet. In einer komplementären Umkehrung der ersten Begegnung zwischen den beiden ist hier der Graf der passiv Aushaltende und stumm Erduldende, während die Marquise von ungezügelten Leidenschaften bewegt und getrieben wird. Sie

Bereich des Animalischen und Elementarhaften

„schlug mit einem Blick funkelnd, wie ein Wetterstrahl, auf ihn ein" (S. 44) und „blickte, mit tötender Wildheit, bald auf den Grafen, bald auf die Mutter ein; ihre Brust flog, ihr Antlitz loderte: eine Furie blickte nicht schrecklicher" (ebd.).

Entsprechung und Kontrast

Die Bildsymbolik der Erzählung ist nach dem Prinzip der Analogie und des Gegensatzes gestaltet. Der kontras-

◄──────────── GEGENSATZ ────────────►

	DER GRAF	ANALOGIE	**DIE MARQUISE**
ENGEL	„wenn er ihr nicht, bei seiner ersten Erscheinung, wie ein Engel vorgekommen wäre" (S. 47) „Der Marquise schien er ein Engel des Himmels zu sein." (S. 4) „schön, wie ein junger Gott" (S. 9)		„o du Reinere als Engel sind" (S. 38) „dem jungen Wesen, das sie in der größten Unschuld und Reinheit empfangen [...] dessen Ursprung [...] auch göttlicher zu sein schien" (S. 24) „Er ließ sich ... vor der Marquise nieder, er fasste leise ihre Hand, als ob sie von Gold wäre, und der Duft der seinigen sie trüben könnte." (S. 36) „Thinka" = Katharina / Schwan (S. 17)
TEUFEL	„er würde ihr damals nicht wie ein Teufel erschienen sein" (S. 47)		
TIER	KOMPLEMENTÄRFIGUREN „Rotte", „Hunde", „viehischen Mordknecht" (S. 5) „Leopardo, der Jäger" (S. 37 / S. 43)		„Die Marquise blickte, mit tötender Wildheit, bald auf den Grafen, bald auf die Mutter" (S. 45) „schlug mit einem Blick funkelnd, wie ein Wetterstrahl, auf ihn ein" (S. 44)
ELEMENTAR-GEWALT	„der russische Offizier, sehr erhitzt im Gesicht" (S. 5)		„ihre Brust flog, ihr Antlitz loderte: eine Furie blickte nicht schrecklicher" (S. 45)

◄──────────── ANALOGIE ────────────►

◄──────────── GEGENSATZ ────────────►

tiven und komplementären Benennung des Grafen als Engel und Teufel entspricht die Zuordnung des Gegensatzpaares Maria und Furie bei der Marquise. Für beide Figuren wird in das Metaphernfeld des Animalischen oder der Naturgewalten gegriffen, wenn es um die bildhafte Darstellung ihrer unbewussten, triebhaften Wesensseite geht. Die Soldaten oder der Jäger Leopardo sind dabei Spiegelfiguren oder Substitute für den Grafen selbst.

Bild- und Inhaltsebene

Das Thema der Erzählung, die Enthüllung der ambivalenten Verfasstheit des Menschen, der seinem Wesen nach aus Geist und Trieb, Vernunft und Leidenschaft, Bewusstsein und Unbewusstem besteht, findet so auf der Bildebene der Novelle seine Entsprechung. Das Schema S. 53 soll dies noch einmal übersichtlich zusammenfassen.

Ironie als Gestaltungsprinzip: Zu Erzählhaltung, Sprache und Handlungsführung

KURZINFO

Wichtige Spielarten der Ironisierung

- Die Figuren werden oft mit Hilfe der Erzählhaltung ironisiert, etwa durch den Wechsel des auktorialen Erzählers zwischen Innensicht und distanzierenden Kommentaren.
- Darüber hinaus inszeniert Kleist ein Wechselspiel zwischen den sprachlichen Mitteilungen der Figuren einerseits und ihrem stummen Verhalten andererseits. Mimik, Gestik oder andere körperlichen Reaktionen der Figuren widersprechen ihren Aussagen oftmals und ironisieren sie auf diese Weise.
- Schließlich erweist sich die Welt der Novelle als ironisch und doppelbödig, da alle Versuche der Figuren, sich abzusichern, von der Handlungsführung zunichte gemacht werden. Der Zufall, die rasche Veränderung, die Auflösung oder Erschütterung gerade erst gefundener oder errichteter Ordnungen beherrschen die Wirklichkeit der Novelle und stehen dem menschlichen Bedürfnis nach Sicherheit entgegen.

Ein „erzähltes Drama"

Die spezifische erzählerische Gestaltung der Novelle lässt sich am besten ex negativo erfassen. Es fehlt jegliche narrative Breite. Detaillierte Darstellungen von Landschaften oder von Interieurs sind ebenso wenig anzutreffen wie detaillierte Beschreibungen der handelnden Personen, ihres individuellen Äußeren oder etwa ihrer Kleidung. Die Novelle enthält somit kaum deskriptive (beschreibende) Passagen. Damit erweist sie sich wiederum eher der dramatischen Darstellungsweise verwandt. Tatsächlich besteht sie aus einer Aneinanderreihung von Ereignissen oder Dialogen, die durch zusammenfassende Erzählerberichte verbunden werden. Es wird nicht auf ausschmückende Beschreibungen Wert gelegt, sondern auf die angemessene Wiedergabe des Handlungstempos und damit auf die Erzeugung und Aufrechterhaltung einer handlungsorientierten Spannung beim Leser.

Das dialogische Prinzip

Die vielen überlangen Satzgefüge, die beim Lesen der Novelle als stilistische Eigenart auffallen, dienen in ihrer engen Zusammendrängung von Hauptsätzen und Nebensatzeinschüben der Wiedergabe des eilig fortlaufenden Handlungsgeschehens. Da der Schwerpunkt des Erzählinteresses auf der Aktion liegt, ist die Sprache arm an attributiven Ergänzungen, reich dagegen an Verben oder substantivierten Verbalkonstruktionen. Ein Beispiel für diese nüchterne, aber in ihrer zeitlichen Verdichtung rasante und mitreißende Art des Erzählens ist der Bericht von dem Kriegsgericht über die russischen Marodeure:

Der hypotaktische Stil

> „Der General ließ diesen hierauf durch eine Wache herbeiführen, ein kurzes Verhör über ihn halten; und die ganze Rotte, nachdem jener sie genannt hatte, fünf an der Zahl zusammen, erschießen. Dies abgemacht, gab der General, nach Zurücklassung einer kleinen Besatzung, Befehl zum allgemeinen Aufbruch der übrigen Truppen; die Offiziere zerstreuten sich eiligst zu ihren Korps; der Graf trat, durch die Verwirrung der Auseinandereilenden, zum Kommandanten, und bedauerte, dass er sich der Frau Marquise, unter diesen Umständen, gehorsamst empfehlen müsse: und in weniger, als einer Stunde, war das ganze Fort von Russen wieder leer." (S. 7)

Aktionismus und Verbalstil

Die beiden Satzgefüge, die jeweils aus durch Strichpunkte getrennten, gleichgeordneten Sätzen mit eingeschobenen Nebensätzen bestehen, werden durch temporale Angaben miteinander verklammert. Es werden nur sechs Adjektive verwendet und zwei Adverbien, die keine innehaltende beschreibende Funktion haben, sondern das Tempo des Geschehens noch erhöhen. Wenn man von den Personennennungen absieht, ist der Verbalcharakter der Substantive deutlich erkennbar.

Die Erzählhaltung

Auf den ersten Blick erscheint es so, als ob von den Ereignissen oder Gesprächen, die die Handlung der Novelle bilden, ein neutraler Erzähler berichten würde, der das Geschehen einfach aufzeichnet – etwa wie eine am Ort stationierte Kamera. Das ist jedoch nicht der Fall. Tatsächlich wird von einem auktorialen Erzähler berichtet, der von dem Vorleben der handelnden Personen ebenso Kenntnis hat wie von ihren Gedanken und Überlegungen, der auf Distanz zu dem Geschehen geht und gelegentlich eine wertende Haltung einnimmt. Diese ist jedoch nicht immer leicht zu erkennen, da der Erzähler seine Position laufend wechselt, einmal aus der Sicht einer handelnden Figur auf die Ereignisse blickt, ein anderes Mal als reiner Chronist fungiert, sich an anderen Stellen jedoch auch wertend und beurteilend zu dem Geschehen äußert. So wird in der Beschreibung des Vergewaltigungsversuchs an der Marquise mit der Wiedergabe ihrer Gedanken begonnen – „und sie, besinnungslos, wohin sie sich wenden solle" – und mit einem Kommentar des Erzählers fortgesetzt: „Hier, unglücklicherweise, begegnete ihr [...]" (S. 4). Der Erzähler blickt hier gleichsam von innen wie von außen auf die Szene. Diese doppelte Perspektive wird bei dem Urteil der Marquise über ihren Retter noch klarer akzentuiert.

Ironische Distanz / Wertung auf der Metaebene des Erzählers

> „Der Marquise schien er ein Engel des Himmels zu sein." (Ebd.)

Hier nimmt der auktoriale Erzähler den Eindruck, den die weibliche Hauptfigur von dem Offizier hat, durch den Gebrauch des Verbums „scheinen" wieder zurück, dokumentiert damit seine größere Einsicht und distanziert sich ironisch von der Marquise und ihrer Urteilsfähigkeit. Bei der weiteren Beschreibung des russischen Grafen nimmt der Erzähler jedoch die eingeschränkte Position des Kommandanten und seiner Familie wieder ein, wenn er über dessen Rang nur aufgrund seines Verhaltens spekulieren und keine sicheren Angaben machen kann:

> „Der russische Offizier, der nach der Rolle zu urteilen, die er spielte, einer der Anführer des Sturms zu sein schien [...]." (S. 5)

Diese ironische Mischung von Innensicht und Erzählerkommentar zur Personencharakterisierung wird in den ersten Teilen der Erzählung hauptsächlich für die Marquise verwendet, zur Beschreibung ihrer Reaktionen auf die Schwangerschaft und ihres dadurch verursachten Bewusstseinswandels. So etwa bei ihrem Rückzug ins Landhaus:

> „Durch diese schöne Anstrengung mit sich selbst bekannt gemacht, hob sie sich plötzlich, wie an ihrer eigenen Hand, aus der ganzen Tiefe, in welche das Schicksal sie herabgestürzt hatte, empor. [...] mit großer Selbstzufriedenheit gedachte sie, welch einen Sieg sie, durch die Kraft ihres schuldfreien Bewusstseins, über ihren Bruder davon getragen hatte. Ihr Verstand, stark genug, in ihrer sonderbaren Lage nicht zu reißen, gab sich ganz unter der großen, heiligen und unerklärlichen Einrichtung der Welt gefangen." (S. 28)

Wertung in Kommentar und Wortwahl

Die ironische Distanz ist in den Kommentaren wie auch in der kommentierenden Wortwahl deutlich zu spüren. Für den aufmerksamen Leser geben die darin enthaltenen Wertungen des auktorialen Erzählers einen Hinweis auf das Illusionäre dieser Vorstellungen und bereiten damit den Handlungsumschwung, den Zusammenbruch dieses Welterklärungsmodells und den Zusammenbruch der so erreichten Idylle vor.

Nach der zweiten Rückkehr des Grafen wird aus der Sicht der Marquise immer weniger berichtet, der Erzähler schließt sich nun enger an die männliche Hauptfigur an, dessen Bestrebungen, seine Schuld zu sühnen, den zweiten Teil der Erzählung tragen.

Perspektivenwechsel

Eine ironische Distanz bei der Figurenzeichnung wird jedoch nicht nur durch die Erzählhaltung, sondern auch durch eine doppelbödige Charakterisierung der handelnden Personen hergestellt. Der Antagonismus von Rationalität und Irrationalem, der der Novelle zugrunde liegt, findet seine Entsprechung in einer zweifachen, oft antagonistischen Mitteilungsart der Figuren. Die beiden Ebenen der rationalen Feststellungen und Erklärungsversuche und der Aufdringlichkeit des Unerklärlichen sind in ihrer Gestaltung genau unterschieden. Der ersten ist das Wortfeld des Denkens und Wollens zugeordnet, die Darstellung in logischen Strukturen, die Ausdrucksfähigkeit in Sprache, die zweite äußert sich sprachlos in der Dinghaftigkeit des Gefühls und der Körperlichkeit – als vordringlichstes Beispiel sei die Schwangerschaft als solche angeführt. Die Sprache als Medium

Charakterisierungstechnik

Begriff und Gestus

der Rationalität verstummt angesichts des Unerklärlichen und macht anderen Ausdrucksmedien Platz. In Mimik und Gestik, im Wechseln der Gesichtsfarbe, in körperlichen Reaktionen bis hin zur Bewusstlosigkeit, aber auch im Traum offenbaren sich die unbewussten Antriebe der Figuren und teilen sich mit.

Dies führt zu einer seltsamen Diskrepanz in deren Selbstdarstellung: Sie denken und wollen etwas anderes, als sie tun, und sie reden etwas anderes, als sie meinen. Das erotische Verlangen des Grafen nimmt „in der Hitze des Wundfiebers" in einem Traum bildhafte Gestalt an und kann nur über die Wiedergabe der Geschichte als Traumbild zum Gegenstand allgemeiner Verständigung werden. Eine direkte Aussprache des Begehrens und der daraus folgenden Tat ist nicht möglich und wird durch ein Anzeigen auf der Körperebene ersetzt. Nachdem der Graf die Traumerzählung abgeschlossen hat, scheint er sich der Marquise zuzuwenden und „versicherte plötzlich, blutrot im Gesicht, dass er sie außerordentlich liebe: sah wieder auf seinen Teller nieder, und schwieg" (S. 17). Die Einstellung der Marquise dem Grafen gegenüber muss fast ausschließlich an ihrer Gestik abgelesen werden, wie bei ihrer Antwort auf seinen Antrag:

Sprachhandlungen und Körperzeichen *(Randnotiz)*

> „in diesem Fall, versetzte die Marquise, würd ich – da in der Tat seine Wünsche so lebhaft scheinen, diese Wünsche – sie stockte, und ihre Augen glänzten, indem sie dies sagte – um der Verbindlichkeit willen, die ich ihm schuldig bin, erfüllen." (S. 18)

Die Zeigeform des Körpers nennt einen anderen Grund für ihre wohlwollende Zustimmung, als es die Ausdrucksform der Rede tut.

Je größer die Kluft zwischen rationalem Bewusstsein und Unbewusstem wird, desto mehr erweist sich die Unzulänglichkeit der Sprache. So kann die Marquise nach der zweiten Verrückung ihrer Welt und vielleicht auch Selbstsicht, nach der Enthüllung des Grafen als Schuldigem, ihre Verunsicherung nicht erklären, aussprechen, sondern lediglich darstellen:

Die Unzulänglichkeit der verbalen Kommunikation *(Randnotiz)*

> „sie lag im heftigsten Fieber […]. Auf die Frage: warum sie denn ihren Entschluss plötzlich geändert habe? und was ihr den Grafen gehässiger mache, als einen anderen? sah sie den Vater mit großen Augen zerstreut an, und antwortete nichts." (S. 45)

Der Ehekontrakt wird überbracht und gelesen:

> „Sie stand auf, zog sich, ohne ein Wort zu sprechen, an, stieg,
> als die Glocke schlug, mit allen Ihrigen in den Wagen, und
> fuhr dahin ab. [...] Die Marquise sah, während der Feierlich-
> keit, starr auf das Altarbild; nicht ein flüchtiger Blick ward
> dem Manne zuteil, mit welchem sie die Ringe wechselte"
> (S. 46).

Der so erscheinenden inneren Verunsicherung der Figuren auf der Handlungsebene entspricht durch die doppelte und doppelbödig ironische Art der Charakterisierung eine Verunsicherung des Lesers, der zunehmend
der sprachlichen Selbstdarstellung der handelnden Personen zu misstrauen und auf ihren gestischen Ausdruck
aufmerksam zu werden lernt. Dies gibt häufig Anlass zu
vergnüglicher Situationskomik, so etwa bei der überra-
schenden Rückkehr des Grafen und seinem ersten Antrag, als dieser sich besorgt um die Gesundheit der Marquise zeigt, worauf sie antwortet:

Diskrepanz und Ironie

> „nun ja; diese Mattigkeit, wenn er wolle, könne für die Spur
> einer Kränklichkeit gelten, an welcher sie vor einigen Wochen
> gelitten hätte; sie fürchte inzwischen nicht, dass diese weiter
> von Folgen sein würde. Worauf er, mit einer aufflammenden
> Freude, erwiderte: er auch nicht! und hinzusetzte, ob sie ihn
> heiraten wolle?" (S. 10)

Oder wenn der Graf beteuert,

> „indem ihm eine Röte ins Gesicht stieg [...], dass er für seinen
> Ruf, wenn anders diese zweideutigste aller Eigenschaften in
> Erwägung gezogen werden solle, einstehen zu dürfen glaube;
> daß die einzige nichtswürdige Handlung, die er in seinem
> Leben begangen hätte, der Welt unbekannt, und er schon im
> Begriff sei, sie wieder gut zu machen; dass er, mit einem Wort,
> ein ehrlicher Mann sei, und die Versicherung anzunehmen
> bitte, dass diese Versicherung wahrhaftig sei" (S. 12).

Eine Empfehlung, der die Kommandantin eifrig sekun-
diert, wenn sie ihrer Tochter vor Augen führt, dass das
„Wagstück" einer Heirat mit dem Grafen

> „nicht allzu groß wäre, indem bei so vielen vortrefflichen
> Eigenschaften, die er in jener Nacht, da das Fort von den
> Russen erstürmt ward, entwickelte, kaum zu fürchten sei,
> dass sein übriger Lebenswandel ihnen nicht entsprechen
> sollte" (S. 18).

Für die handelnden Personen steht dabei die Wahrhaftigkeit und, vielleicht mit Ausnahme des Grafen, Eindimensionalität ihrer Aussagen nicht in Frage, nur der aus der Distanz beobachtende Leser erlebt und genießt aufgrund seiner allmählich wachsenden Einsicht in das Geschehen die ironische Mehrdimensionalität des Textes.

Ironie und Lesevergnügen

Er hat Vergnügen an der Paradoxie einer Situationsgestaltung, die den Kommandanten in einem Ausbruch höchster Verärgerung und Verletzung ironisch verächtlich sprechen und gerade darin – in einer nochmaligen, nur dem Leser zugänglichen Ironie – dem tatsächlichen Geschehen nahekommen lässt:

> „Der Kommandant sagte, indem er fortschrieb: o! sie ist unschuldig. Wie!, rief Frau von G..., mit dem alleräußersten Erstaunen: unschuldig? Sie hat es im Schlaf getan, sagte der Kommandant, ohne aufzusehen. Im Schlaf!, versetzte Frau von G... Und so ein ungeheurer Vorfall wäre –? Die Närrin!, rief der Kommandant, schob die Papiere übereinander, und ging weg" (S. 34).

Zieht der Leser an diesen Stellen der Erzählung Genuss aus der Tatsache, mehr und genauer über die Figuren Bescheid zu wissen als diese selbst, so wird ihm dieses Vergnügen gegen Ende der Novelle immer weniger zuteil. Der Grund dafür ist in der zunehmenden Sprödigkeit des Erzählers zu suchen. Während bis zu ihrer Rückkehr ins elterliche Haus noch Überlegungen der Marquise mitgeteilt werden, so ist der Leser nach der Enthüllung des Grafen nur noch auf die Interpretation ihrer Körperzeichen angewiesen, wenn er etwas über ihre innere Verfassung in Erfahrung bringen will. Dies kann jedoch kaum zu eindeutigen Ergebnissen führen.

Zunehmende Erzähldistanz

Schwierigkeiten der Interpretation

So kann die bereits erwähnte seltsame Erstarrung der Marquise nach der Beichte des Grafen sicher als leibliches Zeichen einer seelischen Krise angesehen werden; ob sie als Anfang eines Reflexionsprozesses im Sinne einer plötzlichen Bewusstmachung eigener bisher verdrängter Gefühle, Bedürfnisse und Triebe aufgefasst werden kann, muss offen bleiben. Die Veränderung der Beziehung zwischen der Marquise und ihrem zweiten Gemahl, die sich von der höchsten körperlichen Verweigerung, der Verweigerung selbst des Blicks bei der ersten Hochzeit, zur höchsten körperlichen Hingabe nach der zweiten verkehrt – dies wird durch die Erwähnung der Kinder signalisiert, die auf den Akt der Empfängnis zurückverweisen –, wird nur auf dieser zeichenhaften Ebene der Darstellung angedeutet, in etwaigen Gründen oder inhaltlich nicht ausgeführt. Zwar setzt der Erzähler zu einer Erklärung dieses Wandels an, wenn er dem Grafen folgende Überlegungen zuschreibt:

Eine innere Wandlung der Marquise?

> „Er fing, da sein Gefühl ihm sagte, dass ihm von allen Seiten, um der gebrechlichen Einrichtung der Welt willen, verziehen sei, seine Bewerbung um die Gräfin, seine Gemahlin, von neuem an […]." (S. 47)

Diese Aussage, kontrapunktisch zu der früheren sentimentalen Vorstellung der Marquise von einer „heiligen […] Einrichtung der Welt" (S. 28) gesetzt, könnte als das Eingeständnis einer nüchternen, realistischen Akzeptanz der „gebrechlichen" Verfassung des Menschen, seiner gemischten Geist-Trieb-Natur und der daraus resultierenden widersprüchlichen Handlungen verstanden werden; ob diese Einsicht nun aber auch von der Marquise geteilt wird, die pauschalisierende Aussage „von allen Seiten" also auch sie einschließt, bleibt offen. Ebenso offen bleibt auch die Natur der Beziehung der Gräfin zu ihrem Gatten, da eine direkte Befragung von seiner Seite aus auf der sprachlichen Äußerungsebene zu der erneuten und durch ihre Schlussstellung in der Novelle umso gewichtigeren Feststellung seiner gespaltenen Natur führt:

Perspektivenwechsel des Erzählers

Die Ambivalenz des Schlusssatzes

> „er würde ihr damals nicht wie ein Teufel erschienen sein, wenn er ihr nicht, bei seiner ersten Erscheinung, wie ein Engel vorgekommen wäre." (S. 47)

Die notwendige Erläuterung dieses Paradoxons aber wird ausgespart und durch ein gestisches Zeichen ersetzt: „antwortete sie, indem sie ihm um den Hals fiel" (ebd.), dessen Deutung – Ausdruck absoluter Zuneigung und Verzeihung oder Ersatzhandlung für unmögliche Verständigung über Irrationales – ebenso viele schillernde Möglichkeiten zulässt wie die ihrer sprachlichen Äußerung.

Der offenkundigen Zusammenführung der beiden Hauptpersonen nach dem klassischen Muster der Handlungsverwirrung und -entwirrung zum Trotz bleibt es

Die Ironie der
Handlungsführung

fraglich, ob das Ende der Novelle als ein Happy End gelesen werden kann, das die durch das Ereignis der Schwangerschaft gefährdet erscheinende Ordnung der Welt, im Sinne einer inneren Ordnung der Figuren und einer äußeren universalen Ordnung, wieder unverbrüchlich herstellt. Die Welt der Novelle erweist sich nämlich als ironisch und doppelbödig, da alle Versuche der Figuren, Geborgenheit an einem Schutz und Sicherheit gewährenden Ort zu suchen, sei dieser nun geographisch, sei er sozial gesellschaftlich oder sei er als Lebenshaltung und innere Ordnung bestimmt, von der Handlungsführung zunichte gemacht werden.

So kann der Rückzug der Marquise in die sichere, von ihrem Vater befehligte Festung und in ein beschauliches Witwendasein nicht verhindern, dass sie durch die „plötzlichen" Kriegswirren jäh aus dieser scheinbaren Sicherheit gerissen wird. Ja, dieser Rückzug in eine geregelte und geschützte Existenz führt gerade dazu, dass sie, in das Kriegsgeschehen verwickelt, ihre Klausur beendet und sie zunächst heimatlos, verstoßen und zutiefst verunsichert wird.

Zufallsprinzip
und
Erschütterung

So geartete plötzliche Erschütterungen von anscheinend gesicherten Lebensräumen lassen sich sehr oft in der Novelle finden. Sie sind geradezu als Motor der Handlungsführung auszumachen und stellen Wende- und Angelpunkte des Geschehens dar. Da wechselt in höchster dramatischer Gedrängtheit der Ansturm feindlicher Truppen, Kriegsnot und Bedrängnis mit plötzlicher Befriedung und Ausgleich ab, da werden soldatische Marodeure im Kriegsgericht auf die Schnelle abgeurteilt und hingerichtet, worauf man ohne Aufhebens zur Tagesordnung übergeht, da tritt der nach verlässlichen Zeugenaussagen tot geglaubte russische Offizier plötzlich wieder als Gast der Familie auf, da wird eine Tochter aus einem scheinbar liebevollen und harmonischen Familienkreis in jäher Verhärtung der Herzen verstoßen und schließlich, nach ihrem Versuch eines inneren Arrangements mit dem Gegebenen, aus der Abgeschlossenheit ihres Landgutes und Landlebens herausgeführt und in ihrer inneren Zufriedenheit erneut erschüttert.

Alle Versuche der Absicherung erweisen sich diesen unvorhersehbaren Einbrüchen fremder und bedrohlicher

Wirklichkeiten gegenüber als völlig unzulänglich. Der Zufall, die rasche Veränderung, die Auflösung oder Erschütterung gerade erst gefundener oder errichteter Ordnungen ist ein fundamentales Wirkprinzip der Wirklichkeit, wie sie in der Novelle erscheint. Das wird in dem Rückblick auf die Vorgeschichte ebenso deutlich wie in der eigentlichen Handlung. So hat die Marquise, wie in den expositorischen Zeilen dargelegt wird, schon einmal einen Zusammensturz ihrer geordneten Welt erfahren, als sie ihren ersten Gatten, „dem sie auf das innigste und zärtlichste zugetan war, auf einer Reise verloren, die er, in Geschäften der Familie, nach Paris gemacht hatte" (S. 3). Diese Erfahrung hat sie so sehr verunsichert, dass sie lieber ihren Erlebensraum einschränken als sich selbst noch einmal der Möglichkeit eines solchen Verlustes aussetzen will. So jedenfalls lässt sich die Erklärung ihrer ersten Abweisung des gräflichen Antrags lesen:

Die Vorgeschichte

> „Doch es war mein Entschluss, mich nicht wieder zu vermählen; ich mag mein Glück nicht, und nicht so unüberlegt, auf ein zweites Spiel setzen" (S. 17).

Will man nun auch umgekehrt eine Verlängerung der Handlung über den Schluss hinaus vornehmen, also einen Ausblick auf zukünftiges Geschehen wagen, so könnte man getreu der Anlage der Handlungsführung auch die nach vielen Turbulenzen letztlich von beiden Hauptfiguren errungene Position als eine ebenso leicht und rasch von äußeren oder inneren Impulsen, von Zufall oder menschlicher Triebkraft zu erschütternde betrachten.

Ausblick

Das menschliche Bedürfnis nach Sicherheit und die tatsächliche Verfasstheit von Mensch und Welt stehen sich – und darin liegt die Ironie der Kleist'schen Wirklichkeit – diametral gegenüber. Noch pointierter als in „Die Marquise von O..." wird dieser Widerspruch in deren Schwesternovelle „Das Erdbeben in Chili" zum Gegenstand des Erzählens.

Die ironische Struktur der Wirklichkeit

2 „Das Erdbeben in Chili" – Die Unzulänglichkeit eines Gesellschaftsentwurfs

Der inhaltliche Aufbau

Der Erzählanfang

- Das Geschehen spielt in St. Jago, der Hauptstadt der spanischen Kolonie Chile, zur Zeit des großen Erdbebens im Jahre 1647.
- Die Erzählung setzt unvermittelt ein.
- Der Leser erfährt, dass Jeronimo Rugera, ein junger Spanier, wegen eines Verbrechens im Gefängnis gefangen gehalten wird.
- Er will sich gerade an einem Pfeiler seiner Gefängniszelle erhängen, als das Erdbeben ausbricht.

Die Erzählung „Das Erdbeben in Chili" setzt ebenso unvermittelt wie die zuvor besprochene Novelle „Die Marquise von O..." ein und ist dieser auch in der kühnen Kontrastgebung der einführenden Zeilen verwandt.

Das erzählende Präteritum, die Genauigkeit der geographischen und historischen Angaben und der Ton allgemeiner Berichterstattung – das Geschehen spielt in „St. Jago, der Hauptstadt des Königreichs Chili" zur Zeit „der großen Erderschütterung vom Jahre 1647, bei welcher viele tausend Menschen ihren Untergang fanden" – schaffen eine räumliche und zeitliche Distanz zum Leser, die jedoch durch seine unvermittelte Hineinnahme in den krisenhaften Moment eines Einzelschicksals wieder aufgehoben wird. Denn „gerade in dem Augenblicke" des Erdbebens und der Vernichtung so vieler wird der Blick auf Jeronimo Rugera gelenkt, „ein[en] junge[n], auf ein Verbrechen angeklagte [n] Spanier", wie er „an einem Pfeiler des Gefängnisses, in welches man ihn eingesperrt hatte", steht und sich „erhenken" will.

Kulminationspunkt des Geschehens

Sündenfall und Verurteilung

Josephes und Jeronimos Vergehen (Vorgeschichte)

- Es wird erzählt, dass Jeronimo vor seiner Inhaftierung bei einer reichen und vornehmen Familie als Hauslehrer gearbeitet hat.
- Währenddessen ist er eine verbotene Liebesbeziehung zu Donna Josephe, der Tochter des Hauses, eingegangen.
- Das Verhältnis wird bekannt, Jeronimo entlassen, Donna Josephe zur Strafe ins streng abgeschlossene Karmelitinnenkloster verbannt.
- Den Liebenden gelingt es jedoch, sich heimlich im Klostergarten zu treffen.
- Josephe wird schwanger und kommt mit dem Kind während der Fronleichnamsprozession auf den Stufen der Kathedrale nieder.
- Der Vorgang empört die Gesellschaft derart, dass Josephe der Prozess gemacht wird und sie schließlich enthauptet werden soll.
- Als Jeronimo, inzwischen selbst gefangen genommen, am Hinrichtungstag die Glocken hört, die Josephe auf ihrem Weg zum Richtplatz begleiten, will er in seiner Gefängniszelle Selbstmord begehen.

Ein knapper Rückblick fasst die Vorgeschichte seiner Verhaftung zusammen: Ein Jahr zuvor war Rugera als Hauslehrer in der reichen und vornehmen Familie des Don Henrico Asteron tätig gewesen, und es war ihm gelungen, die Gunst dessen Tochter Donna Josephe zu gewinnen. Das allen Vorhaltungen des Vaters zum Trotz heimlich aufrechterhaltene Liebesbündnis war jedoch „durch die hämische Aufmerksamkeit seines stolzen Sohnes verraten" worden und hatte zu einer doppelten Bestrafung geführt, zu Jeronimos Entlassung und der Verbannung der Tochter in das streng abgeschlossene Karmelitinnenkloster der Stadt. Aber Klostermauer und Klausur missachtend, war es Rugera „durch einen glücklichen Zufall" gelungen, „die Verbindung von neuem" anzuknüpfen und „in einer verschwiegenen Nacht den Klostergarten zum Schauplatz seines vollen Glückes" zu machen. Die Folgen der Liebesvereinigung der beiden machten sich zur naturgegebenen und denkbar ungünstigsten Zeit bemerkbar, als bei der feierlichen Fronleichnamsprozession, an der auch die Nonnen teilnahmen, „die unglückliche Josephe" vor der gesamten Öffentlichkeit der Stadt, „bei dem Anklange der Glocken, in Mutterwehen auf den Stufen der Kathedrale niedersank" und so ihr Novizinnenkleid, das Symbol der Reinheit und Unschuld, aufs ungeheuerlichste entweihte und besudelte – und damit

Retrospektive/ Exposition

Liebesvergehen und Strafe

Das Urteil als öffentliches Ereignis

das Ansehen des Ordens und ihrer Familie. Der Vorfall erregt „außerordentliches Aufsehen", Josephe wird festgenommen und, die Geburt des Kindes kaum abgewartet, wird ihr „auf Befehl des Erzbischofs", des geistlichen Oberhauptes der Stadt, „der geschärfteste Prozess gemacht". Die kollektive Entrüstung über die „junge Sünderin" ist so groß – „Man sprach in der Stadt mit einer so großen Erbitterung von diesem Skandal, und die Zungen fielen so scharf über das ganze Kloster her, in welchem er sich zugetragen hatte" –, dass weder die Fürsprache der eigenen Familie noch die der ihr wohlgesonnenen Äbtissin „die Strenge, mit welcher das klösterliche Gesetz sie bedrohte, mildern konnte". Sie erreichen lediglich eine Milderung der Todesart, die „zur großen Entrüstung der Matronen und Jungfrauen von St. Jago, durch einen Machtspruch des Vizekönigs" von einer Verbrennung „in eine Enthauptung verwandelt ward".

Während sich nun die Stadt bereit macht, das ihr gebotene Schauspiel dieses Todes, „das der göttlichen Rache gegeben wurde", gebührend zu genießen, will Jeronimo, inzwischen gleichfalls inhaftiert, „die Besinnung verlieren, als er diese ungeheure Wendung der Dinge" erfährt.

Jeronimos Verzweiflung und seine Hinwendung zur Muttergottes

Da alle Versuche zu entkommen, um Josephe retten zu können, scheitern, bleibt ihm nur noch die Zuflucht zum Gebet. Er ruft die Muttergottes an, als die Einzige, „von der ihm jetzt noch Rettung kommen könnte".

Das Erdbeben und die Erschütterung der sozialen Ordnung

KURZINFO

Jeronimos und Josephes Rettung

- Gerade als sich Jeronimo das Leben nehmen will, bringt das Erdbeben die Gefängnismauern zum Einsturz.
- Jeronimo kann sich aus den Trümmern befreien und flieht durch das brennende und zerstörte St. Jago auf einen Hügel vor der Stadt, wo er erschöpft zusammenbricht.
- Als er aus seiner Ohnmacht erwacht, empfindet er zunächst Glück über seine Rettung und tiefe Dankbarkeit Gott gegenüber.
- Bald überwältigt ihn aber der Gedanke an Josephe und ihr ungewisses Schicksal. Verzweifelt macht er sich auf die Suche nach der Geliebten.
- Er findet Josephe endlich und als er kaum noch Hoffnung hat in einem abgelegenen Tal zusammen mit ihrem gemeinsamen Kind.

- Josephe erzählt Jeronimo nun, dass auch sie in den Wirren des Erdbebens hat fliehen können und wie es ihr buchstäblich in letzter Minute gelungen ist, das Kind aus dem einstürzenden Klostergebäude zu retten.
- Sie schildert auch die entsetzlichen Folgen des Erdbebens, die sie auf ihrer Flucht gesehen hat, und ihre Verzweiflung, als sie an dem zerstörten Gefängnis vorbeigekommen ist. Zugleich habe sie aber gehofft, Jeronimo könnte den Einsturz des Gebäudes überlebt haben.

Doch der Tag der Hinrichtung ist da, und als Jeronimo die „Glocken, welche Josephen zum Richtplatz begleiteten", vernimmt, gibt er ihre und seine Sache verloren. „Verzweiflung bemächtigte sich seiner Seele", und er entschließt sich zum Freitod. Mit der Beschreibung der inneren Verfassung Jeronimos zu diesem Zeitpunkt ist die Darlegung der Vorgeschichte beendet, die eigentliche Handlung setzt ein.

Der Tag der Hinrichtung

Gerade als Jeronimo jedoch „einen Strick, den ihm der Zufall gelassen", zu diesem Zwecke an dem Mauerwerk des Kerkers befestigen will, wird die Stadt von einem Erdbeben heimgesucht, das ihn in Freiheit setzt, indem es seine Mitbürger mit deren Habe vernichtet. „Der Boden wankte unter seinen Füßen, alle Wände des Gefängnisses rissen [...]. Zitternd [...] glitt Jeronimo über den schiefgesenkten Fußboden hinweg, der Öffnung zu, die der Zusammenschlag beider Häuser in die vordere Wand des Gefängnisses eingerissen hatte."

Jeronimos Vorbereitungen zum Selbstmord

Auf seiner Flucht aus der zusammenstürzenden Stadt sind die Eindrücke von der ihn umgebenden Zerstörung gerade in ihrer Mannigfaltigkeit so gleichbleibend ungeheuerlich –

Das Erdbeben: Befreiung und Flucht aus der Stadt

„Hier stürzte noch ein Haus zusammen [...]. Hier lag ein Haufen Erschlagener, hier ächzte noch eine Stimme unter dem Schutte, hier schrien Leute von brennenden Dächern herab, hier kämpften Menschen und Tiere mit den Wellen" –,

dass Jeronimo, als er den Hügel oberhalb der Stadt erreicht hat, nach der überstandenen Anstrengung „ohnmächtig auf demselben" niedersinkt.

Die kurze Spanne der Bewusstlosigkeit lässt ihn zunächst die entsetzliche Katastrophe vergessen. Als er aus der Ohnmacht erwacht, ist sein Blick von der Stadt abund nur der „blühende[n] Gegend von St. Jago" zugewen-

Ohnmacht und Regeneration

det, durch die Ströme von Flüchtlingen ziehen. Bei der Rückkehr der Erinnerung wird er aufgrund seiner „wunderbare[n] Errettung" von tiefer Dankbarkeit gegen Gott ergriffen, und er verneigt sich voll Ehrfurcht über diese, wie er meint, ihm zugedachte Erwählung der Vorsehung „so tief, dass seine Stirn den Boden berührte". Die neu gewonnene, gerade im Gegensatz zu den vorhergegangenen Gräueln besonders intensive Lust am Leben „voll bunter Erscheinungen" wird durch die Erinnerung an Josephe jäh gestört. In rascher, völliger Umkehrung des eben noch empfundenen tiefen Gottvertrauens und des Gefühls der Dankbarkeit gegenüber dessen väterlicher Fürsorge ist er nun von Verzweiflung erfüllt, „sein Gebet fing ihn zu reuen an, und fürchterlich schien ihm das Wesen, das über den Wolken waltet". Da ihm bei

Vorsehungs-
gläubigkeit und
Hadern mit Gott

dem Versuch, unter den vielen, die die Stadt verlassen, etwas über die Geliebte zu erfahren, mitgeteilt wird, dass diese „enthauptet worden sei", eine Feststellung, die mit seiner eigenen Zeitrechnung über die in Frage kommenden Minuten übereinstimmt, sondert sich Jeronimo wieder von den anderen ab, überlässt sich seinem „vollen Schmerz" und verwünscht jetzt, dass das Schicksal, das ihm zuvor noch so überaus gewogen schien, ihn am Leben erhalten hat. Da er Josephe jedoch nicht verloren geben will, rafft er sich auf und verbringt die ihm verbleibende Spanne bis zum Sonnenuntergang damit,

Die Suche nach
Josephe

in fliegender Hast die Gegend zu durcheilen, um unter den vielen flüchtenden Menschen „die geliebte Tochter Asterons" zu finden – lange jedoch ohne Erfolg. Gerade vor Einbruch der Dunkelheit aber, als sich auch „seine Hoffnung schon wieder zum Untergange" neigt, kommt er in ein „weites, nur von wenig Menschen besuchtes Tal", wo er in einer jungen Frau, die mit der Säuberung ihres Kindes beschäftigt ist, Josephe erkennt und in „Seligkeit" das Wiedersehen mit ihr feiert.

Das Wiedersehen

Es schließt sich nun eine zweite Rückblende an, in der in der Form eines Erzählerberichts die Rettung Josephes geschildert wird. Diese war gerade unter Bewachung unmittelbar vor der Hinrichtungsstätte angelangt, als das Erdbeben einsetzte, Gebäude des Straßenzuges zerstörte und dadurch „der ganze Hinrichtungszug auseinandergesprengt" und sie befreit wurde. Ihre erste Sorge gilt jetzt ihrem Sohn, und sie eilt zum Karmel, dessen

Erzählung
Josephes: Vor-
bereitungen zur
Hinrichtung und
wundersame
Befreiung

Oberin sie das Kind anvertraut hatte, nur um das Klostergebäude im Augenblick seines Einsturzes zu erreichen. Sie kann das Kind retten, muss aber mit ansehen, wie die Äbtissin „mit fast allen ihren Klosterfrauen [...] auf eine schmähliche Art erschlagen" wird. Bei dem Versuch, „den teuern Knaben, den ihr der Himmel wieder geschenkt hatte", aus der Stadt zu bringen, verfolgen sie Bilder des Entsetzens. Sie sieht, wie man versucht, die Leiche des Erzbischofs „aus dem Schutt der Kathedrale" zu bergen, sie eilt an den zerstörten Gebäuden der Stadt, einschließlich ihres elterlichen Hauses, „den Jammer von ihrer Brust entfernend, mutig" vorbei und ist nur einen Moment lang versucht, die Fassung zu verlieren, als sie auch das Gefängnis, in das Jeronimo verbracht worden war, „in Trümmern" sieht. Da „wankte sie, und wollte besinnungslos an einer Ecke niedersinken, doch in demselben Augenblick jagte sie der Sturz eines Gebäudes hinter ihr, das die Erschütterungen schon ganz aufgelöst hatten, durch das Entsetzen gestärkt, wieder auf", es gelingt ihr, sich und den Kleinen ins Freie zu retten, wobei sie in dem Gedanken Trost findet, „dass nicht jeder, der ein zertrümmertes Gebäude bewohnt hatte, unter ihm notwendig müsse zerschmettert worden sein". Immer wieder inne- und nach Jeronimo Ausschau haltend, sucht sie sich schließlich ihren Weg „in ein dunkles, von Pinien beschattetes Tal, um seiner Seele, die sie entflohen glaubte, nachzubeten", und findet ihn schließlich am Abend in diesem Tal wieder, und mit ihm „Seligkeit, als ob es das Tal von Eden gewesen wäre".

Die Gräuel
der Zerstörung
und die Rettung
des Kindes

Schon in ihrem Beginn ist die Erzählung damit von einem kontrastiven Ton und einer Dynamik der Handlung bestimmt, die sich als Strukturprinzipien der Novelle erweisen werden. Das Verhalten und Schicksal der Allgemeinheit und das Schicksal der beiden Liebenden erscheinen in paradoxer Verbundenheit. Wie nach den gesellschaftlichen Normen der Stadt ein Vergehen aus Liebe zu Inhaftierung und Tod der Betroffenen führen muss, um die Konvention aufrechtzuerhalten, so setzt die plötzliche Vernichtung der Stadt, und damit der Kontrollinstanzen der Gesellschaft, die beiden Liebenden in Freiheit und führt sie zu einer neuen Vereinigung.

Kontrast und
Dynamik

Die Wiederherstellung des Naturzustandes

KURZINFO

Im Tal

- Als die Nacht einbricht, ziehen sich Josephe und Jeronimo mit ihrem Kind in ein dichteres Gebüsch zurück.
- Sie beschließen, die letzten Erderschütterungen noch abzuwarten und dann nach Spanien zu fliehen, um dort gemeinsam ein glückliches Leben zu führen.
- Am nächsten Morgen bittet Don Fernando, ein junger Edelmann, der mit seiner Familie in der Nähe lagert, Josephe, sein Kind zu stillen, da die Mutter verletzt ist. Josephe ist gerne bereit dazu.
- Aus Dankbarkeit lädt er sie ein, sich mit Jeronimo und ihrem Kind seiner Familie anzuschließen.
- Sie werden herzlich aufgenommen und erfahren aus den Erzählungen der anderen Flüchtlinge, wie selbstlos sich die Menschen angesichts des schrecklichen Erdbebens geholfen haben.
- Die Naturkatastrophe scheint die Überlebenden zu einer Familie zusammengeschweißt zu haben, in der Unterschiede des sozialen Rangs und oberflächliche gesellschaftliche Konventionen überwunden sind.
- Jeronimo spricht von einem „Umsturz aller Verhältnisse" (S. 59) und hofft ebenso wie Josephe, dass man ihnen ihr Vergehen nun verzeihen wird.
- Sie geben ihre Fluchtpläne auf und wollen von der Hafenstadt La Conception aus den Vizekönig um Gnade und Vergebung bitten.

Über dem Bericht Josephes ist die Nacht hereingebrochen, „voll wundermilden Duftes, so silberglänzend und still, wie nur ein Dichter davon träumen mag", die die Umgebung verklärt und wohltätig Distanz zu den aufwühlenden Ereignissen des Tages schafft. Von ihren Anstrengungen erschöpft, legen sich „überall, längs der Talquelle, […] im Schimmer des Mondenscheins, Menschen" zur Ruhe nieder, und da noch gelegentliche Klagelaute zu vernehmen sind, ziehen sich die beiden Liebenden „in ein dichteres Gebüsch" zurück, „um durch das heimliche Gejauchz ihrer Seelen niemand zu betrüben". Sie lagern schließlich eng aneinander geschmiegt unter einem Granatapfelbaum, wägen die Schrecknisse des vergangenen Tages gegen ihre glückliche Errettung ab und beschließen endlich, „sobald die Erderschütterungen aufgehört haben würden, nach La Conception zu gehen", um sich und ihr Kind vollends in Sicherheit zu bringen. In dieser Hafenstadt würden sie auf die Hilfe einer Freundin Josephes zählen können, um nach Spani-

Einbruch der Dunkelheit

Nachtlager

Fluchtplan

en zu Jeronimos Verwandten zu gelangen „und daselbst ihr glückliches Leben zu beschließen".

Als sie am nächsten Morgen erwachen, wird Josephe durch die Anrede eines jungen Edelmannes ihrer Bekanntschaft überrascht, der sie, ohne Bezugnahme auf ihr Vergehen und ihre gesellschaftliche Ächtung, darum bittet, sein Kind zu stillen, das aufgrund der Verletzung der Mutter schon seit einiger Zeit Hunger leidet. Sie ist gern bereit, seinem Anliegen zu entsprechen, und „nahm den kleinen Fremdling, indem sie ihr eigenes Kind dem Vater gab, und legte ihn an ihre Brust". Daraufhin werden sie und Jeronimo von dem jungen Mann, Don Fernando, dessen Schwägerin, seiner Gattin Donna Elvire und deren Vater Don Pedro mit solcher Herzlichkeit aufgenommen, dass die beiden Geächteten, die sich „mit so vieler Vertraulichkeit und Güte behandelt sahen", nicht mehr wissen, „was sie von der Vergangenheit denken sollten, vom Richtplatze, von dem Gefängnisse, und der Glocke". Festnahme und Urteil erscheinen ihnen plötzlich wie ein böser Traum: „Es war, als ob die Gemüter, seit dem fürchterlichen Schlage, der sie durchdröhnt hatte, alle versöhnt wären." Nur in der Schwägerin Don Fernandos, Donna Elisabeth, „welche bei einer Freundin, auf das Schauspiel des gestrigen Morgens, eingeladen worden war, die Einladung aber nicht wahrgenommen hatte", wird beim Anblick Josephes bisweilen die Erinnerung an deren Vergangenheit wach. Sie wird aber immer wieder durch Erzählungen über die Vorfälle des gestrigen Tages in die Gegenwart zurückgeholt. Unter den vielen Berichten über die durch die Naturkatastrophe verursachten Schrecknisse, aber auch über die Vergehen vieler Menschen, die die Not der anderen zu ihrem Vorteile zu nutzen dachten, erfährt Donna Elvire auch etwas über Josephes Geschick und gibt ihrem lebhaften Mitgefühl Ausdruck. Diese Anteilnahme lässt Josephe auf eine neue günstige Wendung ihres Geschicks hoffen.

> *Die freundliche Aufnahme durch Don Fernandos Familie*

> *Die versöhnende Wirkung der Katastrophe*

> „Ein Gefühl, das sie nicht unterdrücken konnte, nannte den verflossnen Tag, so viel Elend er auch über die Welt gebracht hatte, eine Wohltat, wie der Himmel noch keine über sie verhängt hatte. Und in der Tat schien, mitten in diesen grässlichen Augenblicken [...] der menschliche Geist selbst, wie eine schöne Blume, aufzugehn."

Der Not des Augenblicks gehorchend, ist rasche gegenseitige Hilfeleistung ohne Rücksicht auf sozialen Rang oder Vorleben des anderen selbstverständlich geworden. Man verhält sich so, „als ob das allgemeine Unglück alles, was ihm entronnen war, zu einer Familie gemacht hätte". Die Naturkatastrophe scheint ein Scheidemittel zu sein, das oberflächliche oder falsche gesellschaftliche Konventionen aussondert und die Bedeutung wahrer menschlicher Werte deutlich zutage fördert, und wird dieser moralischen Wirkung wegen von Josephe nicht mehr als nur schreckenerregend empfunden:

Neue Zuversicht der Liebenden

> „Ja, da nicht einer war, für den nicht an diesem Tage etwas Rührendes geschehen wäre, oder der nicht selbst etwas Großmütiges getan hätte, so war der Schmerz in jeder Menschenbrust mit so viel süßer Lust vermischt, dass sich, wie sie meinte, gar nicht angeben ließ, ob die Summe des allgemeinen Wohlseins nicht von der einen Seite um ebenso viel gewachsen war, als sie von der anderen abgenommen hatte."

Es zeigt sich, dass Jeronimo diese Betrachtungsweise teilt, sie gibt ihm Anlass zu „unaussprechlicher Heiterkeit", da aufgrund der veränderten Umstände seiner Einschätzung nach eine Milderung oder Aufhebung des über sie verhängten Urteils durchaus möglich sei und daher ihrem Bleiben in Chili nichts im Wege stünde. So habe er „bei dieser Stimmung der Gemüter und dem Umsturz aller Verhältnisse" seinen nächtlichen Fluchtplan aufgegeben und wolle „vor dem Vizekönig […] falls er noch am Leben sei, einen Fußfall wagen". Ein Entschluss, dem Josephe zuzustimmen bereit ist, da „ähnliche Gedanken in ihr aufgestiegen wären" und „auch sie nicht mehr, falls ihr Vater nur noch am Leben sei, ihn zu versöhnen zweifle". In weiblicher Besonnenheit rät sie allerdings, die Reise bis La Conception dennoch auf sich zu nehmen, um ihrer beider Anliegen von dort aus schriftlich voranzutreiben, da man sich dann im Falle einer ungünstigen Wendung rasch auf dem Schiffsweg außer Landes und damit außer Gefahr bringen könnte. Die „Klugheit dieser Maßregel" wird von Jeronimo erkannt, und das weitere Vorgehen ist festgelegt.

Entschluss, in Chili zu bleiben

Schutzmaßnahmen

Mit dem Wechsel der Tageszeit, dem Einbruch der Nacht, durch den der Beginn des Mittelteils der Erzählung markiert wird, geht ein deutlicher Wechsel des Er-

zählstils einher. Während sich die Ereignisse des Taggeschehens in unglaublicher Eile überstürzen und in
analoger Dynamik aneinandergereiht werden, scheint
in den nun aufgenommenen Stunden der Nacht und des
Vormittags der Gang der Handlung beinahe stillzuste-
hen. Der zunächst so dominierende Aktionismus des
Entsetzens wird für diese Zeitspanne ausgesetzt und
macht beschaulichen Bildern Platz. Damit gewinnt das
Geschehen an Ruhe, und die handelnden Figuren – und
mit ihnen auch der Leser – haben nach dieser Atempau-
se, wie es scheint, berechtigte Hoffnung auf einen glücklichen Ausgang.

Verlangsamung
des Erzähltempos

Rückkehr und gewaltsames Ende

KURZINFO

Das Massaker auf dem Kirchplatz

- Am Nachmittag verbreitet sich im Tal die Nachricht, dass in der Dominikaner-
kirche in St. Jago eine Bittmesse gehalten wird, die weiteres Unheil von der
Stadt abwenden soll.
- Obwohl eine Schwägerin Don Fernandos Bedenken hat, entschließen sich
auch Josephe und Jeronimo, daran teilzunehmen.
- Unter Führung Don Fernandos machen sie sich auf den Weg in die Stadt.
Josephe geht zusammen mit Don Fernando und trägt dessen kleinen Sohn.
Jeronimo begleitet Donna Constanze, eine andere Schwägerin Don Fernan-
dos, und hält seinen eigenen Sohn im Arm.
- Als sie gegen Abend in der Kirche eintreffen, hat sich bereits eine große
Menschenmenge versammelt, die dem Gottesdienst beiwohnen möchte.
- Nach einem Orgelspiel hält einer der ältesten Kirchenherren eine Predigt, in
der er die Gräuel des Erdbebens als Vorboten des Jüngsten Gerichts und als
göttliche Strafe für den Sittenverfall deutet, der in der Stadt herrsche.
- Josephes und Jeronimos Liebesvergehen stellt er als ein besonders drastisches Beispiel unmoralischen Verhaltens dar. Er nennt die Namen der beiden
und prangert sie öffentlich an.
- Die Predigt wiegelt die Zuhörer auf, und schließlich üben sie Selbstjustiz,
ermorden Josephe und Donna Constanze, Jeronimo wird vom eigenen Vater
getötet. Der Schuster Pedrillo entreißt Don Fernando eines der beiden Kinder,
die er inzwischen schützend im Arm hält, und zerschmettert es an der Ecke
eines Kirchpfeilers.
- Don Fernando muss erkennen, dass sein eigener Sohn getötet worden ist.

Doch zu der klugen Vorsichtsmaßnahme der Reise wird
es nicht kommen. Als sich „die Erdstöße" am Nachmittag etwas beruhigt haben, erfährt man, dass in der Dominikanerkirche der Stadt, „der einzigen, welche das

Erdbeben verschont hatte", eine Bittmesse abgehalten werden würde, um „den Himmel um Verhütung ferneren Unglücks anzuflehen". Viele entschließen sich daraufhin, nach St. Jago zurückzukehren. Auch in der kleinen Gruppe um Don Fernando wird überlegt, ob man sich „dem allgemeinen Zuge anschließen solle?"

Während Josephe und Donna Elvire „mit Lebhaftigkeit" für eine Rückkehr stimmen, gibt Donna Elisabeth in Erinnerung an die Gräueltaten des vorhergegangenen Tages zu bedenken, dass man lieber unter dem Schutz des abgelegenen Tales noch einige Zeit abwarten solle. Ihre Warnung wird aber nicht gehört; unter Don Fernandos Führung, der Josephe seinen Arm bietet, bricht die Gruppe auf. Versuche, Juan in der Obhut der verletzten Donna Elvire und ihres Vaters zurückzulassen, werden durch die Widerspenstigkeit des Kleinen vereitelt, Jeronimo folgt mit Philipp und Donna Constanze den Vorangegangenen. Auch eine zweite Warnung Donna Elisabeths vor einem möglichen Unheil, die sie, dem Führer der Gruppe nacheilend, diesem so heimlich anvertraut, „dass Josephe es nicht hören konnte", wird von Don Fernando ärgerlich abgetan, und die Schar kann nun ungehindert ihren Weg in die Stadt fortsetzen.

Gegen Abend hat sich dort aus Anlass des Gottesdienstes bei der Dominikanerkirche „eine unermessliche Menschenmenge" weit über den Vorplatz hinaus versammelt, um Gott für ihre Rettung zu danken und seinen Schutz gegen weiteres Unheil zu erbitten. Zu diesen andächtig Versammelten stoßen nun auch Don Fernando und die Seinen, und die „Flamme der Inbrunst", der kollektive Rausch der Anbetung unter all diesen wird, wie es in einem Erzählerkommentar heißt, von niemandem stärker genährt als von den beiden so überraschend in Freiheit gesetzten Liebenden, Jeronimo und Josephe.

Nach einem Orgelvorspiel gibt einer der ältesten Patres des Dominikanerkonventes in einer Predigt den Gefühlen der Menge Ausdruck, indem er „Lob, Preis und Dank" gen Himmel schickt, „dass noch Menschen seien, auf diesem, in Trümmern zerfallenden Teile der Welt, fähig, zu Gott empor zu stammeln". Nach einer Ausmalung der Gräuel des vergangenen Tages, in denen er „bloße Vorboten" des Jüngsten Gerichtes sieht, setzt er diese in einen kausalen Zusammenhang mit der „Sittenverderb-

nis der Stadt", unter Berufung auf die biblischen Strafge-
richte an Sodom und Gomorrha. Analog versteht er die
Naturkatastrophe als eine von Gott über die Stadt ver-
hängte Strafe und greift dazu als besonders drastisches
Beispiel der Unmoral und des Frevels wider Gott eben
das Liebesvergehen Josephes und Jeronimos auf, verurteilt aufs schärfste „die Schonung", die das Verhalten
der beiden „bei der Welt gefunden" habe, und überant-
wortet die „Seelen der Täter", deren Namen er nennt,
dem Teufel und der ewigen Verdammnis.

Verurteilung
Jeronimos und
Josephes

Noch ehe es Don Fernando, der die Gefährlichkeit dieser
Ausführungen für die ihm Anvertrauten erkennt, gelingen kann, die ganze Gruppe mittels einer fingierten
Ohnmacht seiner Schwägerin aus der Kirche und in Sicherheit zu bringen, macht sich die Wirkung der Predigt bemerkbar. Josephe wird erkannt, man unterbricht
den Redner und zieht „heiliger Ruchlosigkeit voll" die
junge Frau „bei den Haaren nieder, dass sie mit Don
Fernandos Sohne zu Boden getaumelt wäre, wenn dieser
sie nicht gehalten hätte". Der junge Edelmann will sie
mit der Nennung seines Namens und unter Berufung
auf seine Familie schützen, da Josephe aber sein Kind
auf dem Arm trägt, das sich dem Vater zuwendet, ist
man geneigt, dies als freche Täuschung zu betrachten,
und eilig dabei, der Unzulänglichkeit des göttlichen
Strafgerichtes in Form des Erdbebens, das die beiden
vermeintlichen Liebenden nicht ereilt hat, aus menschlichen Kräften nachzuhelfen:

Selbstjustiz
der zur Andacht
Versammelten

> „Er ist der Vater! schrie eine Stimme; und: er ist Jeronimo
> Rugera! eine andere; und: sie sind die gotteslästerlichen Men-
> schen! eine dritte; und: steinigt sie! steinigt sie! die ganze im
> Tempel Jesu versammelte Christenheit!"

Jeronimo gibt sich jetzt rasch zu erkennen, um die anderen zu retten, der „wütende Haufen, durch die Äußerung Jeronimos verwirrt, stutzte", ein hoher Offizier
bahnt sich Raum durch das Gedränge und ist, als er den
Überwältigten erkennt, sofort zur Hilfe bereit. Don
Fernando nutzt die Gelegenheit, um alle unversehrt
nach draußen zu bringen, und gibt „mit wahrer helden-
mütiger Besonnenheit" vor, Jeronimo habe sich nur zu
seinem Schutz, „die rasende Menge zu beruhigen", als
der ehrlose Rugera ausgegeben, und bittet, diesen und

Die Aufwiegelung der Menge

Josephe zu deren Schutz, den Aufwiegler der Menge aber, der Josephe erkannt hatte, zu dessen Bestrafung in Haft zu nehmen. Da dieser, der Schuster Pedrillo, aber seine Anschuldigungen wiederholt, den Offizier selbst und andere als Zeugen anruft, und die Menge wiederum ihren Tod fordert, übergibt Josephe beide Kinder Don Fernando und versucht ein letztes Täuschungsmanöver, um ihren Sohn zu retten:

> „gehn Sie, Don Fernando, retten Sie Ihre beiden Kinder, und überlassen Sie uns unserem Schicksale!"

Don Fernandos Eingreifen

Die Eskalation der Gewalt

Die Ermordung Jeronimos durch seinen eigenen Vater

Dieser sieht sich aber für alle, die mit ihm den Gang nach der Stadt angetreten haben, verantwortlich und erklärt, „er wolle lieber umkommen, als zugeben, dass seiner Gesellschaft etwas zu Leide geschehe". Es gelingt ihm auch durch sein entschiedenes Auftreten, ihnen einen Weg durch die Versammlung zu bahnen, sie kommen „aus der Kirche heraus, und glaubten sich gerettet". Da meldet sich aus dem „rasenden Haufen, der sie verfolgt hatte", Jeronimos eigener Vater zu Wort, gibt diesen zu erkennen und schlägt „ihn an Donna Constanzens Seite mit einem ungeheuren Keulenschlage zu Boden". Diese wird so für Josephe gehalten und unter wüsten Beschimpfungen gleichfalls ermordet. Don Fernando setzt sich mit dem Schwert, das er sich zuvor von dem Offizier erbeten hatte, zur Wehr, doch er kann der Wut der Menge keinen Einhalt bieten. Selbst der freiwillige Opfertod Josephes – „leben Sie wohl, Don Fernando mit den Kindern! [...] hier mordet mich, ihr blutdürstenden Tiger! und stürzte sich freiwillig unter sie, um dem Kampf ein Ende zu machen" – scheint seinen und der beiden Kinder Tod nicht abwenden zu können. Erst als

Die Tötung der Frauen und des Kindes

es Pedrillo gelingt, dem heldenhaft Kämpfenden eines der beiden Kinder „von seiner Brust" zu reißen und es „hochher im Kreise geschwungen, an eines Kirchpfeilers Ecke" zu zerschmettern, beruhigt sich der fanatische Pöbel: „Hierauf ward es still, und alles entfernte sich."

Don Fernandos Trauer

Don Fernando bleibt auf dem sich leerenden Kirchplatz zurück, in stummer Klage um seinen toten Sohn Juan und „voll namenlosen Schmerzes, seine Augen gen Himmel" erhebend.

Die innere Logik der Handlung

Der innere Zusammenhang des Geschehens ist ein ebenso paradoxer wie logischer: Wie die Zerstörung der Stadt am Vortag die Gefangenen und Verurteilten in Freiheit setzte, so ist nun die Wiederaufnahme des städtischen Lebens gleichbedeutend mit ihrem Tod. Die Erzählung lehnt sich inhaltlich und in der Darstellungsweise an die Ereignisse des ersten Tages an, sie lässt die beschaulichen und glückverheißenden Bilder der vergangenen Nacht hinter sich zurück, nimmt das Tempo des Taggeschehens wieder auf und treibt die beiden Hauptfiguren, wie auch fast alle, die freundschaftlich mit ihnen Umgang hatten, in einer unerbittlichen Dynamik der Gewalttätigkeit in den Tod.

Die Adoption

KURZINFO

Die neue Familie

- Don Alonzo, der seine Hilflosigkeit und Untätigkeit während des mörderischen Aufruhrs bereut, nimmt Don Fernando und den kleinen Sohn von Josephe und Jeronimo einige Zeit in seiner Wohnung auf.
- Don Fernando zögert, seiner Frau die schrecklichen Nachrichten zu überbringen, erst durch andere erfährt sie von den Ereignissen.
- Sie billigt das Verhalten ihres Mannes aber und steht weiterhin zum ihm.
- Die Eheleute nehmen Josephes und Jeronimos Sohn an Kindes Statt bei sich auf.

Nach dem Massaker vor den Kirchentüren bietet der befreundete Offizier, Don Alonzo, unter Entschuldigungen seine nun fast unnütz gewordene Hilfe an, die von Don Fernando dennoch gerne und ohne Vorbehalt in Anspruch genommen wird. Die Erschlagenen werden in Don Alonzos Haus aufgebahrt, und auch Don Fernando findet dort mit dem kleinen Philipp zunächst eine Unterkunft. Es bleibt ihm noch, seine Frau von den Geschehnissen, vor allem von dem Tod ihres Sohnes Juan, in Kenntnis zu setzen, eine Aufgabe, die er lange „unter falschen Vorspiegelungen" aufschiebt, „einmal" weil seine Gattin „krank war, und dann, weil er auch nicht wusste, wie sie sein Verhalten bei dieser Begebenheit beurteilen würde". Doch als Donna Elvire von anderer Seite von der Gewalttat und ihren Folgen erfährt, ist ihre Reaktion nicht die von ihm befürchtete. Seine „treffliche" Frau trägt ihren Kummer um das verlorene Kind in aller Stille und macht ihm keinerlei Vorwürfe

Die Versorgung der Toten / Wiederaufnahme des Alltagslebens

Die vorbildliche Haltung Donna Elvires

aufgrund seiner Handlungsweise. Im Gegenteil, sie scheint sein Verhalten zu billigen, wenn sie ihn „mit dem Rest einer erglänzenden Träne eines Morgens" versöhnlich umarmt und küsst. Die beiden nehmen daraufhin den Sohn Josephes und Jeronimos an Kindes Statt an, und an ihrer liebevollen Zuwendung zu dem Kleinen scheint es keinen Zweifel zu geben, wenn man den Schlusssatz der Erzählung als Indikator für ihre Haltung dem Kinde gegenüber liest. Da heißt es:

Die Adoption Philipps

> „[...] und wenn Don Fernando Philippen mit Juan verglich, und wie er beide erworben hatte, so war es ihm fast, als müsst er sich freuen."

Damit hat die Novelle eine in ihrer Vertauschung der Eltern und Kinder zwar unerwartete, aber doch glückliche Wendung genommen, die jedoch das innere Gleichgewicht und die innere Zufriedenheit des Lesers nicht völlig wiederherstellen kann. Zu groß ist dafür der nachhallende Eindruck der Grausamkeit und Gewalttätigkeit der Handlung, und zu prekär erscheint die im Schlusssatz beschriebene Haltung Don Fernandos, da sie auf dreifache Weise, durch die unpersönliche Wendung, adverbial und durch den Gebrauch des Konjunktivs abgetönt wird: „so war es ihm fast, als müsst er sich freuen".

Der gute Abschluss

Wie hier Don Fernando auf der Handlungsebene so ergeht es auch auf der Rezeptionsebene dem Leser bei der Kenntnisnahme der abschließenden Zeilen der Novelle.

Zur Thematik

„Meister Pedrillo schlug sie mit der Keule nieder. Darauf ganz
mit ihrem Blute besprützt [...] drang [er], mit noch ungesät-
tigter Mordlust, von neuem vor." (S. 65)

Auf den ersten Blick haben die beiden Kleist-Novellen
kaum Gemeinsamkeiten. Dem eher heiter-ironischen
Ton der Salonkomödie, in dem die Erzählung „Die
Marquise von O..." gehalten ist, stehen die drastischen,
apokalyptisch gefärbten Bilder der zweiten diametral
gegenüber. Ist bei der einen Personeninventar und
Handlung auf den Binnenraum der Familie beschränkt,
so weitet sich das Szenario der anderen zu der Darstellung eines Massenspektakels aus; werden da innere Ver-
fasstheiten und zwischenmenschliche Beziehungen von
Individuen in ihren subtilen Veränderungen untersucht,
so wird dort eine ganze Gesellschaft, ein politisches Gebilde, auf eine gewaltsame Probe gestellt. Auf der Rezeptionsebene schließlich wird der Leser bei dem einen
Werk nach den unglückseligsten und unglückträchtigs-
ten Verwicklungen mit einem Lösungsangebot befrie-
det, bei dem anderen von einer aussichtslos scheinen-
den Ausgangssituation über viele glückverheißende
Entwicklungen hin zu einer hoffnungsvollen Betrachtungsweise verleitet, aber durch das jähe katastrophale
Ende grausam enttäuscht.

Die Novellen
im Vergleich

Bei aller Unterschiedlichkeit sind jedoch die Verbin-
dungslinien klar konturiert. In beiden Werken ist ein
Liebesvergehen handlungsauslösendes Element, wobei
Liebe, Sexualität, die Gefühls- und Triebwelt sich von
vornherein als Gegenmacht zur sozialen Konvention
konstituieren, als vor oder außerhalb der gesellschaftlichen Ordnungsprinzipien stehend und als ihnen entgegengesetzt. In beiden erscheinen sie außerdem – und
vielleicht auch gerade deshalb – als untrennbar mit Gewalttätigkeit gekoppelt, treten entweder zusammen mit
oder in Form der letzteren auf oder lösen aggressives
Verhalten aus. Meister Pedrillo, der „fanatische Mordknecht" (S. 64) und Anführer „der satanischen Rotte"
(S. 65), und sein Angriff auf Josephe sind eine spiegel-
bildliche Entsprechung zu den Soldaten und deren Ver-
gewaltigungsversuch in „Die Marquise von O...". Die in-

Analoge
Grundmuster

haltliche Analogie wird durch die Verwendung einer fast identischen Begrifflichkeit zur Charakterisierung der Übeltäter gestützt. Allerdings wird die Aggressivität des kollektiven Angriffs in der zweiten Erzählung fast fratzenhaft übersteigert – trotz des parallel angesetzten Auftretens einer Kontrastfigur, dort des Grafen in vermeintlicher, hier Don Fernandos, des „göttlich[en] Held[en]" (S. 23), in tatsächlicher Rettungsabsicht.

Unterschiede der Tonart

Themen und Handlungsmuster wiederholen sich damit geradezu spielerisch in beiden Erzählungen, während der Schwerpunkt des Erzählinteresses jedoch verschoben wird. Zum einen wird anhand der exemplarischen Figuren des Grafen und der Marquise die Unsicherheit und prekäre Existenz des Menschen vor allem aus der Ambivalenz seiner Natur heraus begründet und damit diese Personen, ihre Handlungen und deren Folgen in den Vordergrund der Erzählung gerückt. Dagegen liegt das Hauptgewicht bei der Beschreibung des exemplarischen Schicksals von Jeronimo und Josephe auf der ständigen Bedrohung des Einzelnen durch äußere Ordnungen, die sich seinem Einfluss entziehen, seien dies gesellschaftliche Strukturen oder die Natur, die natürliche Ordnung überhaupt, deren Darstellung dadurch einen breiteren Raum einnimmt. Zum anderen wird bei ähnlicher Grundkonstellation der Spielverlauf geändert. Wenn jedoch bei ähnlichen Handlungsmustern in „Die Marquise von O…" ein akzeptables Ende in plötzlicher Wendung gerade noch erreicht, in „Das Erdbeben in Chili" in entsprechend plötzlicher Wendung verhindert wird, so werden beide Schlusslösungen aufeinander hin durchsichtig, jede erweist sich von der anderen her als ebenso gut denkbar, als zufällig also, und damit als jederzeit umkippbar.

Variationen eines Themas

Die Erzählungen variieren in je eigener Weise das Thema von der Gefährdung des Menschen. Aller scheinbaren Bemühung um historische, geographische oder anekdotische Einbettung zum Trotz sind die Novellen eher der parabolischen Gattung verwandt, sie sprechen beide in exemplarischer Weise von der Ungeborgenheit der menschlichen Existenz, einmal wird dabei in dem Durchführungsteil eher der Gesichtspunkt der Unzulänglichkeit der menschlichen Natur, ein anderes Mal eher der Gesichtspunkt der Unzulänglichkeit der Welt betont. In dieser Zuordnung bilden beide Erzählungen zusammen ein Ganzes.

Naturgewalt und Gewalttätigkeit als dominante Prinzipien

Die verschiedenen Erscheinungsformen der Gewalt in Kleists Novelle

- Gewalt als repressive soziale Struktur durchherrscht den gesamten Autoritätsapparat der Gesellschaft, der die Liebe zwischen Josephe und Jeronimo als Vergehen begreift und rigide bestraft.
- Gewalt als aggressive Triebentladung ereignet sich vor allem unter dem Schutz der Masse, des Kollektivs. Sie zeigt sich besonders eindringlich beim schrecklichen Massaker vor der Kirche.
- Die Naturgewalt in Gestalt des Erdbebens wird in der Erzählung oft personifiziert und auf diese Weise in Analogie zu dem Gewaltausbruch der Menschen im Dom und auf dem Kirchplatz gesetzt. Umgekehrt erinnert die mörderische Raserei der Menschen an die zerstörerische Gewalt der Natur.

Die Darstellung von Gewalt und Gewalttätigkeit kann als Grundthema der Novelle „Das Erdbeben in Chili" angesehen werden, da sie hier in höchst offensichtlicher und kruder Form über weite Strecken hinweg die Erzählung dominiert, die Aufzählung und plastische Beschreibung von Gräueln sogar stellenweise eine für den Leser kaum mehr erträgliche Eigendynamik zu gewinnen scheint.

Gewalt als Gestaltungsprinzip

Es gibt szenische Gestaltungen von Akten der Grausamkeit, die Einzelbilder in momenthafter zeitlicher Verdichtung bei hoher inhaltlicher Intensität sprachlich auffallend lakonisch fassen:

> Josephe „wollte der Äbtissin, welche die Hände über ihr Haupt zusammenschlug, eben in die Arme sinken, als diese, mit fast allen ihren Klosterfrauen, von einem herabfallenden Giebel des Hauses, auf eine schmähliche Art erschlagen ward. Josephe bebte bei diesem entsetzlichen Anblicke zurück; sie drückte der Äbtissin flüchtig die Augen zu, und floh [...]
> Sie hatte noch wenig Schritte getan, als ihr auch schon die Leiche des Erzbischofs begegnete, die man soeben zerschmettert aus dem Schutt der Kathedrale hervorgezogen hatte." (S. 54)

Die Unausgewogenheit von Inhalt und Ausdrucksform, im obigen Beispiel sowohl durch die Verwendung der

Ein Tabu und dessen Relativierung

Temporalsätze oder Temporaladverbien wie auch durch den Gebrauch des Verbums „begegnen" erzeugt, lässt an ähnliche Techniken heutiger Horrorromane denken, die auf ein Lesevergnügen des Publikums abgestimmt sind, das aus dieser Diskrepanz zwischen der Beschreibung von Gewalt und damit Tabuverletzung einerseits und Selbstverständlichkeit, Nüchternheit im Ausdruck andererseits lebt. In einer pervertierenden Umkehrung wird dabei das instinktive Entsetzen über den Gewaltakt überlagert von dem Genuss der Verfügbarmachung dieser Gewalt durch die sprachliche Form. Im Prozess des Lesens wird das Tabu konsumierbar gemacht. Um dem Lesenden diesen Genuss immer wieder zu verschaffen, werden Details von Brutalität aufgenommen, die zum Verständnis der Handlung nicht eigentlich notwendig wären, die aber zur Erzeugung lustvoller Spannung dienen. Wo Hinweise, Andeutungen, Feststellungen genügten, werden Einzelheiten ausgeführt.

Die Lust an der Gewalt

Auch diese Verfahrensweise lässt sich in der Novelle finden, so, wenn zum Beispiel die Art der Tötung von Don Fernandos Sohn plastisch ausgemalt wird:

> „Doch Meister Pedrillo ruhte nicht eher, als bis er der Kinder eines bei den Beinen von seiner Brust gerissen, und, hochher im Kreise geschwungen, an eines Kirchpfeilers Ecke zerschmettert hatte. [...] Don Fernando, als er seinen kleinen Juan vor sich liegen sah, mit aus dem Hirne vorquellenden Mark [...]." (S. 65)

Es wäre dennoch verfehlt, Kleist in eine Reihe mit Horrorautoren zu stellen. In der Erzählung „Das Erdbeben in Chili" ist die Verwendung von Gewaltszenen kein Selbstzweck, kein spielerischer Akt im Blick auf die Leser, und damit spektakulärer Blickfang und Objekt der Lustgewinnung, sondern erweist sich als inneres Wesensmerkmal der fiktionalen Wirklichkeit, wie sie Kleist entwirft. Dabei befindet sich die Novelle im Einklang mit dem Gesamtwerk:

Gewalt bei Kleist: ein Wesensmerkmal seiner Welt

> „Die meisten der Kleistschen Werke können beispielhaft für eine Literatur der Gewalt einstehen. Dabei entspricht die Erscheinungsweise der Gewalt in der Mehrheit der Fälle durchaus den herkömmlichen Vorstellungen von einer rohen, die Menschen verletzenden oder gar tötenden äußeren Krafteinwirkung." (Gerhard Gönner, 1989, S. 1)

Es gibt jedoch auch subtilere Formen. Tatsächlich tritt Gewalt in der Erzählung in drei unterschiedlichen Erscheinungsweisen auf, (1) als repressive soziale Struktur, (2) als aggressive Triebentladung und (3) als eruptive Naturgewalt.

Die Phänotypen der Gewalt

In der starren gesellschaftlichen Hierarchie des „Königreichs Chili" (S. 49) wird die Liebe zwischen der adligen „Donna Josephe" und dem einfachen „Jeronimo Rugera" von vornherein als Vergehen angesehen, das mit Strafe geahndet werden muss. Nachdem die Sanktionen, die durch die klassenbewussten männlichen Repräsentanten der Familie herbeigeführt werden, durch den „alten Don" und seinen „stolzen Sohn" (ebd.) die väterliche Gewalt, das Zusammensein der beiden nicht verhindern konnte, tritt der gesamte Autoritätsapparat der Gesellschaft in Aktion. Die kirchlichen und staatlichen Organe – „auf Befehl des Erzbischofs", „durch einen Machtspruch des Vizekönigs" (S. 50) – sind Träger einer Amtsgewalt, die ihre Dominanz über das Begehren des Einzelnen als gegeben ansieht und in diesem Selbstverständnis von der allgemeinen Meinung gestützt wird.

Der gesellschaftliche Apparat

Innerhalb eines solchen auf Gewalt aufgebauten und rigiden gesellschaftlichen Raumes kann das Entstehen von privaten Lebenswelten aus eigenem Recht, wie sie Jeronimo und Josephe versuchen, nur für kurze Zeit und heimlich gelingen, wie „in einer verschwiegenen Nacht" im Klostergarten (S. 49), ist auf Dauer und offen nicht aufrechtzuerhalten. Bei der Nachricht von der Verurteilung Josephes wird sich Jeronimo der unaufhebbaren Diskrepanz zwischen den Ansprüchen der Liebe und der gesellschaftlichen Unterdrückung ahnungsvoll bewusst. Deshalb will er „die Besinnung verlieren, als er diese ungeheure Wendung der Dinge erfuhr". Und er erkennt auch die Hoffnungslosigkeit dieser Konstellation: „überall, wohin ihn auch der Fittig der vermessensten Gedanken trug, stieß er auf Riegel und Mauern" (S. 50). Er wählt folgerichtig den Freitod als einzige Möglichkeit, einer gesellschaftlichen Struktur, die natürliche Ansprüche gewaltsam bestraft, zu entkommen.

Die Ohnmacht der Gefühlswelt

Die Staatsgewalt scheint jedoch nur die vergrößerte und legalisierte Form einer Gewalttätigkeit zu sein, die Teil der inneren Natur des Menschen ist. Die Verurteilung Josephes entspricht dem Rechtsbedürfnis einer auf Ein-

Triebnatur und Aggressivität

haltung ihrer Konventionen bedachten Gesellschaft, die öffentliche Hinrichtung jedoch einem Verlangen nach zumindest passiver Beteiligung an diesem Akt. Der Lustgewinn an der Gewalt wäre bei dem spektakuläreren „Feuertod", der zunächst angesetzt worden war, noch höher gewesen, deshalb die „Entrüstung der Matronen und Jungfrauen von St. Jago" (S. 49), als die Abwandlung der Todesart bestimmt wird. Dass diese Aggressivität sogar und gerade unter dem weiblichen Teil des Adels anzutreffen ist, unter den verheirateten Frauen und jungen Mädchen, lässt besonders schockierend zutage treten, wie sehr Gewalttätigkeit zum Menschen gehört, seiner Natur inhärent ist. Sie tritt aber schon in der geordneten Welt vor dem Erdbeben vor allem unter dem Schutz des Kollektivs nach außen. Das wird in den folgenden Passagen hervorgehoben, durch die häufige Verwendung des unbestimmten Pronomens und durch das Stilmittel des Pars pro toto:

Der Schutz des Kollektivs

> „Man sprach in der Stadt mit einer so großen Erbitterung von diesem Skandal, und die Zungen fielen so scharf über das ganze Kloster her [...].
> Man vermietete in den Straßen, durch welche der Hinrichtungszug gehen sollte, die Fenster, man trug die Dächer der Häuser ab [...]." (S. 50 f.)

Nach der Erschütterung der Naturkatastrophe jedoch, als keine Staatsorgane in Erscheinung treten, die stellvertretend für die Gemeinschaft agieren könnten, wird die Koppelung von Masse und Gewalt eklatant. Die Aggressivität, die zuvor nur in der Distanz des sprachlichen Urteils zum Ausdruck kam, wird nun im Tun ausgelebt. Die rasende Menge ist ein namenloses und gesichtsloses Kollektiv, in dem sich keine Personen zu erkennen geben, sondern in dem sich nur einzelne Stimmen zu Wort melden, immer wieder „von neuem zur Wut entflammt" (S. 64). Auch das Eingreifen der aus dieser Menge hervorgehobenen Einzeltäter, Meister Pedrillo und Jeronimos Vater, sind nur vor dem Hintergrund und in der Atmosphäre dieser kollektiven Raserei möglich. Die Verhältnisse haben sich umgekehrt. Während die amtlich eingesetzten Verwalter von Staatsgewalt unter normalen Umständen Aggressionen kanalisieren und ableiten, lebt die fanatische Menge im Dom

Masse und Gewalt

diese unmittelbar aus und lässt die Verurteilten nicht mehr stellvertretend von einem hinzukommenden Vertreter der staatlichen Autorität, dem „Marine-Offizier von bedeutendem Rang" (ebd.), in Haft nehmen.

Wird hier von dem Ausbruch primitiver Aggressivität jede Menschlichkeit aufgesogen, so zeigt sich komplementär der Ausbruch der Naturgewalten selbst, das Erdbeben, oft in personifizierter Form, als ein überdimensionales, quasi menschliches oder dämonisches Wesen mit einem unvermittelt einsetzenden und umfassenden Vernichtungstrieb. So erlebt Jeronimo, wie

Die Personifikation der Naturgewalt

> „[…] plötzlich der größte Teil der Stadt […] versank, und alles, was Leben atmete, unter seinen Trümmern begrub." (S. 8) Besinnungslos, wie er sich aus diesem allgemeinen Verderben retten würde, eilte er […], indessen der Tod von allen Seiten Angriffe auf ihn machte, nach einem der nächsten Tore der Stadt." (S. 50)

Das Verhalten der Menschen und die Erscheinungsform der Natur nähern sich damit einander an. Die „zerstörende Gewalt der Natur" (S. 52) wird zu einer vergrößernden Analogie des zerstörerischen Aggressionstriebs des Menschen, umgekehrt der todbringende unmenschliche Gewaltausbruch der Masse im Dom eine Analogie im Kleinen zur Eruption des Erdbebens und ihren Folgen.

Die Analogie von Naturgewalt und Triebnatur

Die ambivalente Einschätzung des Erdbebens

KURZINFO

Göttliche Vorsehung vs. Zufall

- Josephe und Jeronimo deuten das Erdbeben als göttliche Vorsehung, der sie ihre Befreiung und ihr gemeinsames Glück zu danken haben.
- Auch der Dominikanerpater sieht im Erdbeben einen göttlichen Eingriff in das Weltgeschehen. Er interpretiert Gottes Wirken nur anders, nämlich als Strafe, die sich gegen Josephe und Jeronimo richtet und die Menschen zur Umkehr mahnen soll.
- Beiden Auslegungen liegt der Glaube an eine gottgegebene Ordnung der Welt und an einen göttlich gelenkten Ablauf der Naturereignisse zugrunde.
- Den Lesern wird jedoch klar: Dies sind subjektive Interpretationen der Figuren, denen der Handlungsverlauf der Novelle widerspricht: Er verweist nicht auf eine wie auch immer ausgelegte transzendente göttliche Ordnung. Vielmehr wird er durch zufällig sich ergebende Ereignisse vorangetrieben.

Der Wunderglaube

Die Naturkatastrophe wird von den Hauptfiguren der Erzählung in ihren Auswirkungen zunächst als ambivalent, schließlich sogar als heilbringend empfunden. Der „Umsturz aller Verhältnisse" (S. 59) befreit auf wundersame Art die beiden Liebenden und führt sie erneut zusammen. Da alle menschlichen Mittel zur Rettung versagen und Jeronimo sich daraufhin im Gebet an höhere Mächte wendet, erscheinen ihm Zeitpunkt, Art und Folgen des Erdstoßes als unmittelbares helfendes Eingreifen Gottes, dem er deshalb für „seine wunderbare Errettung zu danken" sich beeilt (S. 52). Beim Gedanken an den vermeintlichen Tod Josephes verdunkelt sich ihm das Bild eines Helfergottes zwar zeitweilig zu dem eines Richters und Rächers, an dem göttlichen Ursprung des Naturereignisses zweifelt er jedoch nicht. Josephe hingegen lernt an den besonderen Schutz und die Fürsorge des Himmels zu glauben, als sie und ihr Kind inmitten der zusammenstürzenden Gebäude und der Tötung der Umstehenden „gleich, als ob alle Engel des Himmels sie umschirmten […] unbeschädigt" (S. 54 f.) bleiben. Diese Haltung wird noch bestätigt, als sie nach und nach alle Strafinstanzen, die an ihrem Unglück Schuld tragen, von der Katastrophe wie von einem Gottesurteil vernichtet sieht. Sie geht an der zerstörten Kathedrale vorbei, unter deren Trümmern der Erzbischof erschlagen liegt, der „Palast des Vizekönigs war versunken, der Gerichtshof, in welchem ihr das Urteil gesprochen worden war, stand in Flammen, und an die Stelle, wo sich ihr väterliches Haus befunden hatte, war ein See getreten, und kochte rötliche Dämpfe aus" (S. 54).

Jeronimos und Josephes Rettung

Gegenseitige Bestätigung

Was oben noch, wohl in personaler Erzählweise aus der Sicht Josephes, als innere Ahnung ausgesprochen und deshalb auf der Vergleichsebene und im Konjunktiv gehalten ist, wird den beiden bei ihrem Wiedersehen zur eindeutigen, nun indikativisch gehaltenen Gewissheit:

> „Mit welcher Seligkeit umarmten sie sich, die Unglücklichen, die ein Wunder des Himmels gerettet hatte!" (S. 53)

Skeptische Beurteilung

Dass die göttliche Vorsehung eine Vernichtung ungeheuren Ausmaßes zu Hilfe nehmen muss, um ein Paar in Freiheit und Glück zu setzen, lässt sie in ihrer Vorsehungsgläubigkeit nicht zweifeln. Sie sind lediglich „sehr gerührt, wenn sie dachten, wie viel Elend über die

Welt kommen musste, damit sie glücklich würden!"
(S. 55)

In entsprechend eindimensionaler Weise versteht der
Dominikanerpater das Erdbeben als unmittelbares, direkt auf die Menschen von Chili, insbesondere aber auf
Jeronimo und Josephe gerichtetes Handeln Gottes. In
seiner Predigt weist er darauf hin, „was auf den Wink
des Allmächtigen geschehen war" (S. 61), und deutet es
als Sanktion des Himmels, allerdings aus seiner Sicht
gegen die Liebenden gewendet, als Mahnung zur Umkehr und Vorgeschmack einer endgültigen Gerichtsbarkeit Gottes, die damit eine verlängerte und rigidere
Form der Kirch- und Staatsgerichtsbarkeit wäre. Die Folgen seiner Ausführungen und des so gezeichneten Gottesbildes sind der Fanatismus der Menge und das Massaker auf dem Kirchplatz.

Die Vision des
Dominikaners
vom Strafgericht
Gottes

Das Erdbeben wird so in den Überlegungen der Hauptfiguren mit der Frage nach dem Handeln Gottes an und
in der Welt verknüpft. In einer Gesamtsicht, wie sie der
Leser auf das Geschehen hat, erweisen sich alle diese
Deutungen der Katastrophe als subjektive Interpretationen, die jeweils eine gottgegebene Ordnung der Welt
und einen gelenkten Ablauf der Naturereignisse voraussetzen, sich in ihrer Widersprüchlichkeit aber gegenseitig aufheben. Für ihn wird klar, dass keine der
beiden Gottesvorstellungen, weder das helfende Gottesbild der Liebenden noch das strafende Gottesbild
des Geistlichen, aus der Handlung zu begründen sind.
Es wird für ihn überhaupt die Vorstellung von einer
Welt, die durch ein göttliches Wesen gelenkt und geordnet wird, in Frage gestellt. Vorhanden und nachzuweisen sind lediglich menschliche Spekulationen über
eine vermeintliche Zielgerichtetheit der Naturabläufe.
So wird am Beispiel des Erdbebens und der gegenläufigen Interpretationen seiner Folgen aufgezeigt, wie
leicht sich die Figuren der Annahme einer göttlichen
Weltordnung hingeben und wie subjektiv und illusionär diese Annahme sein kann. Damit erweist sich
der Handlungsraum der Kleist'schen Erzählung als
eine überdimensionale Experimentalanordnung. In ihr
wird nicht nur die Fragilität, die Zerbrechlichkeit oder
„Gebrechlichkeit", um einen Begriff aus der anderen
Novelle zu verwenden, der von Menschenhand ge

Rezeptionsebene:
Absurdität
der subjektiven
Deutungen

Die „Gebrechlich-
keit" der Welt

schaffenen materiellen Welt, der menschlichen Natur
und des Staatsgebildes herausgearbeitet, sondern auch
die „Gebrechlichkeit" des Glaubens an eine transzendente göttliche Ordnung der Welt.

Diese Bedeutungsebene des Bebens findet in der Bild-
sprache der Novelle eine Entsprechung. So erfährt Jeronimo den Zusammenbruch der Stadt „mit einem
Gekrache, als ob das Firmament einstürzte" (S. 50), und
durchaus als den Zusammenbruch seiner bisherigen
geistigen Welt:

> „Jeronimo Rugera war starr vor Entsetzen; und gleich als ob
> sein ganzes Bewusstsein zerschmettert worden wäre, hielt er
> sich jetzt an dem Pfeiler, an welchem er hatte sterben wollen,
> um nicht hinzufallen." (S. 51 f.)

Für den Leser wird deutlich, dass seine Rettung nicht
einer eingreifenden ordnenden Macht zu verdanken ist,
sondern dem prekären Halt, den sich zwei einfallende
und aufeinanderstürzende Bauwerke *zufällig* gewähren.

Sturz und
zufälliger Halt

> „Der Boden wankte unter seinen Füßen, alle Wände des
> Gefängnisses rissen, der ganze Bau neigte sich, nach der
> Straße zu einzustürzen, und nur der, seinem langsamen Fall
> begegnende, Fall des gegenüberstehenden Gebäudes
> verhinderte, durch eine zufällige Wölbung, die gänzliche
> Zubodenstreckung desselben." (S. 51)

Will man dieses Bild ins Abstrakte wenden, so lässt sich
hier ein äußerer Halt, eine äußere Ordnung auf das Prinzip des Zufalls zurückführen, also auf einen eigentlich
ungeordneten Ursprung.

In einem seiner Briefe an Wilhelmine von Zenge illust-
riert Kleist diese Entdeckung, dass Ordnungen einer sta-
bilen Grundlage entbehren, sondern sich durch eine
Wechselwirkung ungeordneter Kräfte in einem schwe-
benden Halt konstituieren, an einem ganz ähnlichen
Bild:

Biographischer
Bezug

Das Bild des
„Würzburger
Bogens"

> „Ich ging an jenem Abend vor dem wichtigsten Tage meines
> Lebens in Würzburg spazieren. Als die Sonne herabsank war
> es mir als ob mein Glück unterginge. Mich schauerte wenn
> ich dachte, daß ich vielleicht von allem scheiden müßte, von
> allem, was mir teuer ist.
> Da ging ich, in mich gekehrt, durch das gewölbte Tor, sinnend
> zurück in die Stadt. Warum, dachte ich, sinkt wohl das Ge-

wölbe nicht ein, da es doch keine Stütze hat? Es steht, antwortete ich, weil alle Steine auf einmal einstürzen wollen – und ich zog aus diesem Gedanken einen unbeschreiblich erquickenden Trost, der mir bis zu dem entscheidenden Augenblicke immer mit der Hoffnung zur Seite stand, daß auch ich mich halten würde, wenn alles mich sinken läßt.

An Wilhelmine v. Zenge, 16. November 1800, Berlin

Wendet man den Blick von der Betrachtung des konkreten Bauwerks zurück auf die Betrachtung der Novelle, so finden sich im Erzählgang die gleichen Vorstellungen wieder. Das Handlungsgefüge bildet sich aus dem Zusammentreffen „zufälliger" Ereignisbausteine heraus.

Das Zufallsprinzip im Sinne des ungeordneten Zufalls und nicht eines durch die Vorsehung gelenkten Schicksals erweist sich als eigentliches Handlungsmoment. So erhält die Wendung, Jeronimo sei der klösterlichen Klausur zum Trotz, „durch einen glücklichen Zufall" (S. 49) wieder mit Josephe in Verbindung getreten, in Anbetracht der Folgen dieser Vereinigung einen stark ironischen Beiklang. Der „Strick, den ihm der Zufall gelassen hatte" (S. 50), sich den Tod zu geben, wird durch den bedeutenderen Zufall des gleichzeitig auftretenden Erdbebens zum komischen Relikt. Die zufällige Widerspenstigkeit von Don Fernandos Sohn, der sich von Josephe nicht trennen will, und seine ebenso zufällige Rückwendung zum Vater im falschen Moment haben tödliche Folgen.

Fall und Zufall

> „Nun traf es sich, dass in demselben Augenblicke der kleine Juan, durch den Tumult erschreckt, von Josephens Brust weg Don Fernando in die Arme strebte.
> Hierauf: Er *ist* der Vater! schrie eine Stimme […]." (S. 63)

Vom Ende der Handlung her gesehen erweist sich schließlich die Rettung des Paares gerade nicht als Auszeichnung der Vorsehung und damit umgekehrt auch als Zeichen einer göttlichen Ordnung, sondern als ebenso zufällig wie ihr schrecklicher Tod.

Der Zufall als Handlungsprinzip

Das Erdbeben von Lissabon und die Theodizeediskussion im 18. Jahrhundert

KURZINFO

Kleist und die zeitgenössische Diskussion

* Das Erdbeben von Lissabon (1755) und seine schrecklichen Folgen lösten im 18. Jahrhundert eine philosophische und theologische Debatte darüber aus, wieso Gott es zulassen kann, dass es Leid auf der Welt gibt (Theodizeeproblem).
* Vor allem zwei Fragen wurden diskutiert: 1. Wie kann es unter einem guten Schöpfergott Leid auf der Welt geben? 2. Wie kann man sich (einen) Gott denken, angesichts des Leidens in der Welt?
* Kleists Novelle „Das Erdbeben in Chili" und seine Behandlung des Katastrophenmotivs kann als Nachhall und Beitrag zu dieser Diskussion gesehen werden.
* Dabei nimmt Kleist eine skeptische Haltung ein. Seine Erzählung ist darauf angelegt, die Vorstellung einer göttlich geordneten Welt zu zerstören.

Das Erdbeben war ein traumatisches Erlebnis des 18. Jahrhunderts, seit 1755 die Stadt Lissabon von einer solchen Naturkatastrophe heimgesucht wurde und Unzählige den Tod fanden.

Das war Anlass einer philosophischen und theologischen Auseinandersetzung zwischen den führenden geistigen Köpfen Europas. Welche Fragestellung damit aufgeworfen wurde, soll der folgende autobiographische Bericht Johann Wolfgang von Goethes zeigen. Dabei vermischen sich in seiner Darstellung authentische Kindheitserinnerungen und spätere Reflexionen:

Reaktionen auf das Unheil von Lissabon

Die allgemeine Katastrophe

„Am ersten November 1755 ereignete sich das Erdbeben von Lissabon, und verbreitete über die in Frieden und Ruhe schon eingewohnte Welt einen ungeheuren Schrecken. Eine große prächtige Residenz, zugleich Handels- und Hafenstadt, wird ungewarnt von dem furchtbarsten Unglück betroffen. Die Erde bebt und schwankt, das Meer braust auf, die Schiffe schlagen zusammen, die Häuser stürzen ein, Kirche und Türme darüber her, der königliche Palast zum Teil wird vom Meere verschlungen, die geborstene Erde scheint Flammen zu speien: denn überall meldet sich Rauch und Brand in den Ruinen. Sechzigtausend Menschen, einen Augenblick zuvor noch ruhig und behaglich, gehen miteinander zugrunde, und der Glücklichste darunter ist der zu nennen, dem keine Empfindung, keine Besinnung über das Unglück mehr gestattet ist. Die Flammen wüten fort und mit ihnen wütet eine Schar sonst verborgner, oder durch dieses Ereignis in Freiheit gesetzter Verbrecher. Die unglücklichen Übriggebliebenen sind dem Raube, dem Morde, allen Mißhandlungen bloßgestellt; und so behauptet von allen Seiten die Natur ihre schrankenlose Willkür.

Schneller als die Nachrichten hatten schon Andeutungen von diesem Vorfall sich durch große Landstrecken verbreitet; an vielen Orten waren schwächere Erschütterungen zu verspüren, an manchen Quellen, besonders den heilsamen, ein ungewöhnliches Innehalten zu bemerken gewesen: um desto größer war die Wirkung der Nachrichten selbst, welche erst im allgemeinen, dann aber mit schrecklichen Einzelheiten sich rasch verbreiteten. Hierauf ließen es die Gottesfürchtigen nicht an Betrachtungen, die Philosophen nicht an Trostgründen, an Strafpredigten die Geistlichkeit nicht fehlen. So vieles zusammen richtete die Aufmerksamkeit der Welt eine Zeitlang auf diesen Punkt, und die durch fremdes Unglück aufgeregten Gemüter wurden durch Sorgen für sich selbst und die Ihrigen um so mehr geängstigt, als über die weitverbreitete Wirkung dieser Explosion von allen Orten und Enden immer mehrere und umständlichere Nachrichten einliefen. Ja vielleicht hat der Dämon des Schreckens zu keiner Zeit so schnell und so mächtig seine Schauer über die Erde verbreitet.

Der Knabe, der alles dieses wiederholt vernehmen mußte, war nicht wenig betroffen. Gott, der Schöpfer und Erhalter Himmels und der Erden, den ihm die Erklärung des ersten Glaubensartikels so weise und gnädig vorstellte, hatte sich, indem er die Gerechten mit den Ungerechten gleichem Verderben preisgab, keineswegs väterlich bewiesen. Vergebens suchte das junge Gemüt sich gegen diese Eindrücke herzustellen, welches überhaupt um so weniger möglich war, als die Weisen und Schriftgelehrten selbst sich über die Art, wie man ein solches Phänomen anzusehen habe, nicht vereinigen konnten."

(J. W. v. Goethe. *Gesammelte Werke*, 1981, Bd. 9, S. 29–31)

Die Reaktionen der Zeitgenossen

Die Verunsicherung des Gottesglaubens

Das Erdbeben löst Nachdenken darüber aus, wieso Gott es zulassen kann, dass es Leid auf der Welt gibt. Dieses Problem wird in der theologischen Tradition das Theodizeeproblem genannt und wirft Fragestellungen in zwei Richtungen auf: (1) Wie kann es unter einem guten Schöpfergott Leid auf der Welt geben? Die Ursachen des Leids werden dabei gewöhnlich untergliedert in das moralische Böse, d. h., die Willensfreiheit des Menschen macht Sünde möglich und verursacht deshalb Leid, und

Das Theodizeeproblem

Das moralische Böse und das Naturböse

das natürliche Böse, wie etwa die Naturkatastrophen. Gibt die Sündhaftigkeit des Menschen ein Erklärungsmuster für das moralische Böse her, so versagen solche Erklärungsmodelle für das Unheil, das in der Natur selber angelegt ist, will man nicht auf alttestamentarische Vorstellungen eines Richtergottes zurückgreifen, der die Schuld Einzelner an der Gemeinschaft rächt, eine Vorstellung, die mit dem aufklärerischen Gottesbild nicht mehr vereinbar war. Die Ausgangsfrage wendet sich damit von der prüfenden Betrachtung der Schöpfung hin zu einer prüfenden Betrachtung des Schöpfers: (2) Wie kann man sich (einen) Gott denken, angesichts des Leidens in der Welt?

Die reale Erdbebenkatastrophe von Lissabon löst so im 18. Jahrhundert eine Diskussion über die Gottesfrage aus, in der von der Rechtfertigung des Glaubens an eine Gottesordnung bis zum radikalen Atheismus alle Positionen vertreten sind. Kleists Novelle „Das Erdbeben in Chili" und seine Behandlung des Katastrophenmotivs kann als Nachhall und als Beitrag zu dieser Auseinandersetzung um das Theodizeeproblem gesehen werden. Kleist nimmt mit dieser Erzählung eine skeptische Haltung zur Frage nach einer göttlichen Weltordnung ein – wie dies in den Ausführungen über den illusionären Charakter der verschiedenen Deutungen des Bebens schon dargelegt wurde.

1756 kann Immanuel Kant noch aus Anlass des Erdbebens von Lissabon über die wissenschaftliche und religiös-moralische Nützlichkeit der Betrachtung solcher Katastrophen schreiben:

Kants moralisierende Auswertung der Katastrophe

„Die Natur hat nicht vergeblich einen Schatz von Seltenheiten überall zur Betrachtung und Bewunderung ausgebreitet. Der Mensch, welchem die Haushaltung des Erdbodens anvertraut ist, besitzt Fähigkeit, er besitzt auch Lust sie kennen zu lernen und preiset den Schöpfer durch seine Einsichten. Selbst die fürchterlichen Werkzeuge der Heimsuchung des menschlichen Geschlechts, die Erschütterungen der Länder, die Wuth des in seinem Grunde bewegten Meers, die feuerspeienden Berge, fordern den Menschen zur Betrachtung auf und sind nicht weniger von Gott als eine richtige Folge aus beständigen Gesetzen in die Natur gepflanzt, als andre schon gewohnte Ursachen der Ungemächlichkeit, die man nur darum für natürlich hält, weil man mit ihnen mehr bekannt ist.

Die Betrachtung solcher schrecklichen Zufälle ist lehrreich. Sie demüthigt den Menschen dadurch, daß sie ihn sehen läßt, er habe kein Recht, oder zum wenigsten, er habe es verloren, von den Naturgesetzen, die Gott angeordnet hat, lauter bequemliche Folgen zu erwarten, und er lernt vielleicht auch auf diese Weise einsehen: daß dieser Tummelplatz seiner Begierden billig nicht das Ziel aller seiner Absichten enthalten sollte."
(Immanuel Kant, „Von den Ursachen der Erderschütterungen", in: *Werke*, 1986, Bd. 1, S. 431)

In Kleists Novelle „Das Erdbeben in Chili" dagegen ist von einer erbaulichen Auslegung einer über und durch die Katastrophen waltenden göttlichen Ordnung nichts mehr zu finden, sie ist im Gegenteil darauf angelegt, solche Vorstellungen zu zerstören.

Die Entmoralisierung der Erdbebenmetapher durch Kleist

Das Leben im Naturzustand als utopischer Gegenentwurf

KURZINFO

Josephes und Jeronimos Irrtum

- Im abseits gelegenen Tal, in dem Josephe und Jeronimo nach der Katastrophe Zuflucht finden, entsteht eine neue Gesellschaft, die der bedrohlichen Ordnung, die in der Stadt geherrscht hat, entgegengehalten ist.
- Im Tal scheinen materielle und soziale Unterschiede aufgehoben zu sein. Stattdessen sind die Menschen durch Liebe, Fürsorge und gleichsam familiär miteinander verbunden.
- Josephe und Jeronimo irren sich allerdings, als sie annehmen, diese natürliche gesellschaftliche Harmonie habe die gewaltsamen Strukturen endgültig abgelöst.
- Das weitere Geschehen, vor allem die schrecklichen Ereignisse im Dom und auf dem Kirchplatz zeigen: Die Überlegenheit der alten Autoritäten und Konventionen, nicht zuletzt die aggressive Triebnatur der Menschen bestehen weiter und setzen sich schließlich mit aller Grausamkeit wieder durch.
- So spielt Kleist im Mittelteil der Erzählung zwar mit den Sehnsüchten der Menschen nach einem friedlichen Zusammenleben. Im Schlussteil kennzeichnet er diese Utopie aber als eine Täuschung, der er skeptisch gegenübersteht.

Nimmt Kleist in diesem Punkt eine skeptischere Position ein als Kant in der Frühzeit seines Wirkens, so scheint er sich mit diesem in einem anderen in Übereinstimmung zu befinden. In der Schlussbetrachtung seiner Ausführungen versteht Kant die unheilvollen Ereignisse als Bedingung der Möglichkeit des Freiwerdens von Mit-

Die Wendung von der Metaphysik zur Ethik

menschlichkeit und als Auftrag zu einer humanitären Praxis:

> „Der Anblick so vieler Elenden, als die letztere Katastrophe unsern Mitbürgern gemacht hat, soll die Menschenliebe rege machen und uns einen Theil des Unglücks empfinden lassen, welches sie mit solcher Härte betroffen hat." (Ebd., S. 459)

Naturzustand und Idealgesellschaft

In dem abseits gelegenen Tale, in dem sich die Flüchtlinge am Abend des Unglückstages zusammenfinden, sind alle materiellen und sozialen Unterschiede verwischt, jeder ist in gleichem Maße auf die natürlichen Ressourcen der Umgebung und die Hilfsbereitschaft seiner Mitmenschen angewiesen. Zur Nacht bereiten sich alle „sanfte Lager von Moos und Laub, um von einem so qualvollen Tage auszuruhen" (S. 55), und es konstituiert sich eine neue, quasi klassenlose Gesellschaft, in der alle durch Liebe und Fürsorge miteinander verbunden sind:

> „Und in der Tat schien, mitten in diesen grässlichen Augenblicken, in welchen alle irdischen Güter der Menschen zu Grunde gingen, und die ganze Natur verschüttet zu werden drohte, der menschliche Geist selbst, wie eine schöne Blume aufzugehn. Auf den Feldern, so weit das Auge reichte, sah man Menschen von allen Ständen durcheinander liegen, Fürsten und Bettler, Matronen und Bäuerinnen, Staatsbeamte und Tagelöhner, Klosterherren und Klosterfrauen: einander bemitleiden, sich wechselseitig Hülfe reichen, von dem, was sie zur Erhaltung ihres Lebens gerettet haben mochten, freudig mitteilen [...]." (S. 58)

Äußere vs. innere Werte

In den Beispielen der „ungeheuern Taten", die berichtet werden – „Menschen, die man sonst in der Gesellschaft wenig geachtet hatte, hatten Römergröße gezeigt [...]" (ebd.) – wird eine Umkehrung der konventionellen sozialen Wertmaßstäbe angedeutet, von äußerlichen personenunabhängigen Werten wie Geburt, Stand, Amt, Wohlstand weg und hin zu inneren, personalen von „Unerschrockenheit, von freudiger Verachtung der Gefahr, von Selbstverleugnung und der göttlichen Aufopferung, von ungesäumter Wegwerfung des Lebens [...]" (ebd.). Die Vernichtung der städtischen Struktur wird als Vernichtung der hierarchischen, rigiden und lebenstötenden gesellschaftlichen Struktur ausgewiesen, wie sie vor der Katastrophe in dem Handeln an Jeronimo und

Josephe in Erscheinung trat. Die erzwungene Flucht in die Natur lässt eine natürliche, zwanglose und lebensfördernde Gemeinschaft entstehen. In der Vorstellung, dass eine solche gesellschaftliche Umwandlung nicht innerhalb bestehender Staatsordnungen und deren Zwängen, sondern nur durch die völlige Loslösung von ihnen und die Rückkehr in einen natürlichen, gleichsam vorgesellschaftlichen Zustand entstehen kann, nimmt Kleist Gedankengut des französischen Philosophen Jean-Jacques Rousseau (1712–1778) auf. Der Weg aus der Stadt in das Tal, aus der bestehenden Gesellschaftsordnung in die Natur, führt zur Neugeburt oder Wiedergeburt einer natürlichen, zwangfreien Existenz des Menschen. Die Art der Gemeinschaft, die gefunden wird, wird in einem archetypischen Bild gefasst, denn die Reformierung durch den Erdstoß war so, „als ob das allgemeine Unglück alles, was ihm entronnen war, zu *einer* Familie gemacht hätte" (ebd.). Entsprechend werden Jeronimo und Josephe wie Familienmitglieder in die durch Verwandtschaft und Heirat verbundene Gruppe um Don Fernando aufgenommen, deren liebevolle Zuwendung durch die Bereitschaft Josephes, Juan zu stillen, also als Ersatzmutter zu fungieren, noch verstärkt wird:

Die Aufhebung der Struktur der Gewalt

Die Gesellschaft als Familiengemeinschaft

> „Donna Elvire, Don Fernandos Gemahlin […] zog Josephen, da sie ihren abgehärmten Knaben an der Brust derselben sah, mit vieler Freundlichkeit zu sich nieder. Auch Don Pedro, sein Schwiegervater […] nickte ihr liebreich mit dem Haupte zu." (S. 57)

Durch dieses Verhalten ermutigt, werden Jeronimo und Josephe verleitet, dieses Bild einer neuen familiären Gemeinschaft zu verallgemeinern und auf die generelle Aufhebung der vorherigen gewaltsamen Strukturen zu hoffen. Die patriarchalischen Figuren des Don Henrico Asteron und des Vizekönigs, die vormaligen Strafinstanzen, erhalten in ihrer Vorstellung die Züge von liebend wohlwollenden Vätern innerhalb dieser neu verstandenen Menschheitsfamilie (vgl. S. 16).

Die Annahme einer realen Veränderung der Umstände erweist sich jedoch als Täuschung, die Idylle als Illusion. Der subjektive Charakter dieser Vorstellung wird in der sprachlichen Gestaltung des Mittelteils der Novelle

Die Generalisierung dieser Auffassung: eine subjektive Täuschung

immer wieder hervorgehoben. Während Wendungen wie „es war, als ob die Gemüter [...] alle versöhnt wären" (S. 57) und „in der Tat schien [...] der menschliche Geist selbst, wie eine schöne Blume, aufzugehn" (S. 58) schon durch die Vergleichsebene der inhaltlichen Aussage den Realitätsanspruch verweigern, wird in anderen das Erstehen der paradiesisch neuen Welt von vorneherein in das Bewusstsein der Hauptfiguren verlegt: „Josephe dünkte sich unter den Seligen. Ein Gefühl, das sie nicht unterdrücken konnte, nannte den verflossnen Tag [...] eine Wohltat" (S. 58), „so war der Schmerz in jeder Menschenbrust mit so viel süßer Lust vermischt, dass sich, wie sie meinte, gar nicht angeben ließ [...]" (S. 58).

In den Berichten über die Vorfälle am Vortag kommt zudem zum Ausdruck, dass das Erdbeben nicht, wie fälschlicherweise angenommen, zu der Wiederherstellung einer natürlichen gesellschaftlichen Harmonie geführt hat, in der die Rechte des Einzelnen von Natur aus anerkannt werden, sondern dass durch das Aussetzen der Staatsgewalt in Wahrheit ein Zustand allgemeiner Rechtlosigkeit und Anarchie hervorgerufen wurde. So wird erzählt,

Rechtlosigkeit statt Naturrecht

> „wie man einer Wache, die auf Befehl des Vizekönigs verlangte, eine Kirche zu räumen, geantwortet hätte: es gäbe keinen Vizekönig von Chili mehr! wie der Vizekönig in den schrecklichsten Augenblicken hätte müssen Galgen aufrichten lassen, um der Dieberei Einhalt zu tun; und wie ein Unschuldiger, der sich von hinten durch ein brennendes Haus gerettet, von dem Besitzer aus Übereilung ergriffen, und sogleich auch aufgeknüpft worden wäre" (S. 57).

In der Mitteilung von dem bevorstehenden Bittgottesdienst in der Dominikanerkirche von St. Jago zeigt sich neben der Erneuerung des Autoritätsanspruches der Kirche auch die Behauptung der alten hierarchischen Rangordnung, denn die „feierliche Messe" sollte „von dem Prälaten des Klosters selbst gelesen" werden (S. 59); damit wird der Glaube an eine Aufhebung solcher Standesunterschiede zur kindlich naiven Annahme, ja zur lebensgefährlichen Täuschung degradiert.

Die Rekonstitution der alten Autoritätsstrukturen

In der Domszene endlich wird die Behauptung, der „menschliche Geist" habe durch die Katastrophe die

Möglichkeit gehabt, sich „wie eine schöne Blume" (S. 58) zu entfalten, ironisiert und parodiert, wenn die innere Analogie von Natur und Mensch wiederaufgenommen wird und die zerstörerische Gewalt der Triebnatur des Menschen in den „blutdürstigen Tiger[n]" (S. 65) über seine geistigen und moralischen Kräfte dominiert. So spielt Kleist im Mittelteil der Erzählung mit Sehnsüchten nach einem friedlichen, aggressionsfreien Zusammenleben der Menschen, nimmt dieser Utopie gegenüber im Schlussteil jedoch eine zutiefst skeptische, in der Triebnatur des Menschen gegründete Haltung ein.

Ironisch-tödliche Umkehrung der Idylle

Die Naturgesellschaft: das Scheitern der Utopie

In der Ermordung Jeronimos durch seinen eigenen Vater wird dem Leser der illusionäre Charakter des auf das Zusammensein im Tal aufgebauten Gedankensystems am eindringlichsten vor Augen geführt. Die alten patriarchalischen Strafinstanzen haben sich damit erneut behauptet, die Überlegenheit einer rigiden Gesellschaftsordnung über die natürlichen Ansprüche der beiden Liebenden war nur temporär und scheinbar aufgehoben, setzte sich in der Realität aber fort.

Der Tod Jeronimos: die Behauptung der patriarchalischen Strukturen

In der Gegenüberstellung von utopischer und realer Welt wird die Ambivalenz von Bewusstseinswelten, Gefühlswelten, subjektiven Weltentwürfen ironisch dargestellt. Jeronimo und Josephe verkennen die Gegebenheiten, wenn ihnen ihre früheren Bedrängnisse irreal werden, als „ob sie bloß davon geträumt hätten" (S. 57). So kann auch die „tiefste Bewusstlosigkeit" (S. 51), aus der Jeronimo nach der Flucht „mit nach der Stadt gekehrtem Rücken" (ebd.) erwacht, als traumatischer Schock und Verdrängung der realen Zwänge gesehen werden. Die subjektive Welt des Traumes erweist sich somit als gefährlich. Dagegen entspringen die Ahnungen der Donna Elisabeth, die „zuweilen mit träumerischem Blicke" (S. 57) auf Josephe verweilt, einer ernst zu nehmenden Besorgnis und führen zu prophetischen Warnungen, die aber paradoxerweise als unnötig, sogar als Ärgernis abgetan werden.

Die Bedeutung des Traums: Illusion oder Prophetie?

Das Motiv der Menschheitsfamilie

Kleists Distanz zur Aufklärung

- Kleists Novelle weist mehrere Parallelen zu Lessings Drama „Nathan der Weise" auf, in dem grundlegende Ideen der Aufklärung veranschaulicht werden. Das Motiv der Menschheitsfamilie etwa spielt in beiden Texten eine große Rolle. Auch das Motiv der Adoption greift Kleist auf.
- Dabei nähert sich Kleist den Ideen der Aufklärung, um sich zugleich kritisch davon zu distanzieren.
- So entfaltet er zwar die Utopie einer toleranten und humanen Menschheitsfamilie, stellt sie im weiteren Verlauf der Handlung und im Unterschied zu Lessing aber als eine gefährliche Täuschung bloß.
- Auch Don Fernandos im aufklärerischen Sinne humane Haltung, die in der Adoption des kleinen Philipp zum Ausdruck kommt, wird am Schluss der Erzählung ironisch gebrochen.

Gotthold
Ephraim Lessing,
Nathan der Weise

Die Familie
als Bild für die
Verbrüderung
der Menschheit

1779 erscheint das Ideen- und Lehrdrama *Nathan der Weise* von Gotthold Ephraim Lessing, ein Propagandastück zur Verbreitung aufklärerisch humanitären Gedankenguts. Schauplatz der Handlung ist das Jerusalem der Kreuzzugszeit, Handlungskern die Zusammenführung einer Familie, deren Mitglieder durch die politischen und religiösen Wirren zerstreut worden waren, durch Geburt oder Erziehung den verschiedenen sich bekämpfenden Nationen und den drei feindlichen Religionen, dem Christentum, Islam und Judentum, verbunden sind und die zunächst nicht voneinander wissen. Wenn das Drama nach Aufdeckung der verwandtschaftlichen Beziehungen der Hauptfiguren „unter stummer Wiederholung allseitiger Umarmungen" (5. Aufzug, letzter Auftritt) schließt, ist damit die Aufforderung an die Zuschauer verbunden, es diesem Schauspiel der Verbrüderung auf der Bühne in der Realität gleichzutun. Es ist ein Appell, jeden anderen Menschen, unabhängig von Standes-, Volks- oder Konfessionszugehörigkeit, als gleichwertiges und gleichberechtigtes Mitglied in der großen Menschheitsfamilie zu achten:

> „Was heißt denn Volk?
> Sind Christ und Jude eher Christ und Jude,
> Als Mensch? Ah! wenn ich einen mehr in Euch
> Gefunden hätte, dem es gnügt, ein Mensch
> Zu heißen!"
> (2. Aufzug, 5. Auftritt, Z. 1309–1312)

Dass für sie alle ein solch friedlicher und guter Schluss gelingen kann – und damit die Utopie eines toleranten und humanitär agierenden Nationen- und Religionenbundes –, ist das Verdienst der Hauptfigur, des Juden Nathan, der mit einer beispielhaften Tat der Güte und Nächstenliebe den Grundstein für die spätere glückliche Zusammenführung legt. Nachdem Christen bei einem Pogrom seine Familie getötet haben, beginnt er zunächst dieser Katastrophe wegen mit Gott zu hadern und die göttliche Ordnung der Welt in Frage zu stellen. Endlich fügt er sich aber nicht nur in sein Schicksal, sondern bewältigt es in einem aktiven Akt der Vergebung, indem er unmittelbar nach dem Mord an seinen Kindern ein elternloses Christenmädchen aufnimmt und an Kindes Statt erzieht. In dem folgenden Dialog zwischen Nathan und einer Nebenfigur des Stückes, dem Klosterbruder, wird in einem erzählenden Rückblick davon berichtet:

Die gute Tat als Voraussetzung der allgemeinen Versöhnung

NATHAN.
>Ihr, guter Bruder, müßt mein Fürsprach sein,
>Wenn Haß und Gleisnerei sich gegen mich
>Erheben sollten, – wegen einer Tat –
>Ah, wegen einer Tat! – Nur Ihr, Ihr sollt
>Sie wissen! – Nehmt sie aber mit ins Grab!
>Noch hat mich nie die Eitelkeit versucht,
>Sie jemand andern zu erzählen. Euch
>Allein erzähl' ich sie. Der frommen Einfalt
>Allein erzähl' ich sie. Weil die allein
>Versteht, was sich der gottergebne Mensch
>Für Taten abgewinnen kann.

KLOSTERBRUDER. Ihr seid
>Gerührt, und Euer Auge steht voll Wasser?

NATHAN. Ihr traft mich mit dem Kinde zu Darun.
>Ihr wißt wohl aber nicht, daß wenig Tage
>Zuvor, in Gath die Christen alle Juden
>Mit Weib und Kind ermordet hatten; wißt
>Wohl nicht, daß unter diesen meine Frau
>Mit sieben hoffnungsvollen Söhnen sich
>Befunden, die in meines Bruders Hause,
>Zu dem ich sie geflüchtet, insgesamt
>Verbrennen müssen.

Pogrom und Gotteshader

KLOSTERBRUDER. Allgerechter!

NATHAN. Als
>Ihr kamt, hatt' ich drei Tag' und Nächt' in Asch'
>Und Staub vor Gott gelegen, und geweint. –

Geweint? Beiher mit Gott auch wohl gerechtet,
Gezürnt, getobt, mich und die Welt verwünscht;
Der Christenheit den unversöhnlichsten
Haß zugeschworen –
KLOSTERBRUDER.   Ach! Ich glaub's Euch wohl!
NATHAN.
Doch nun kam die Vernunft allmählich wieder.
Sie sprach mit sanfter Stimm': „und doch ist Gott!
Doch war auch Gottes Ratschluß das! Wohlan!

Besinnung und Annahme des Christenkindes

Komm! übe, was du längst begriffen hast,
Was sicherlich zu üben schwerer nicht,
Als zu begreifen ist, wenn du nur willst.
Steh auf!"– Ich stand' und rief zu Gott: ich will!
Willst du nur, daß ich will! – Indem stiegt Ihr
Vom Pferd, und überreichtet mir das Kind,
In Euern Mantel eingehüllt. – Was Ihr
Mir damals sagtet; was ich Euch: hab ich
Vergessen. Soviel weiß ich nur; ich nahm
Das Kind, trug's auf mein Lager, küßt' es, warf
Mich auf die Knie und schluchzte: Gott! auf Sieben
Doch nun schon Eines wieder!

(4. Aufzug, 7. Auftritt, Z. 3025–3066)

Eine aufklärerische Ethik

Mit der anschaulichen Gebärde der Adoption des Feindeskindes unterstreicht Lessing die ethischen Zielvorstellungen der Aufklärung. Mit Hilfe der Vernunft soll der Mensch in der Lage sein, sich von Vorurteilen und emotionalen Einflüssen wie Trauer, Hass oder Rachegefühlen freizumachen und sich zu unbeeinflusster reiner Nächstenliebe zu erziehen.

Bezug zu Kleist: Analogie der Motive

In ganz ähnlicher Weise wie in Lessings *Nathan* wird in „Das Erdbeben in Chili", wie oben ausgeführt, das Motiv der Menschheitsfamilie zur Darstellung eines utopischen Gesellschaftsentwurfs benutzt, desgleichen wird auch in Kleists Novelle durch eine mitleidige Geste, Josephens Nähren des kleinen Juan, eine Kette von Ereignissen angestoßen, die in einem Austausch der Kinder und dem Herstellen neuer familiärer Bindungen endet. Das dadurch entstehende Geflecht von natürlichen und durch die Entwicklung der Ereignisse geschaffenen Familienkonstellationen lässt sich in der Skizze auf S. 105 darstellen.

Die „Familienzusammenführung" in der Novelle Unterschiede zu Lessing

Motive und Handlungsführung scheinen eng an das Modell des Lessingdramas angelehnt zu sein. Allerdings führt die vorheriges Unrecht übergehende Mitleids-

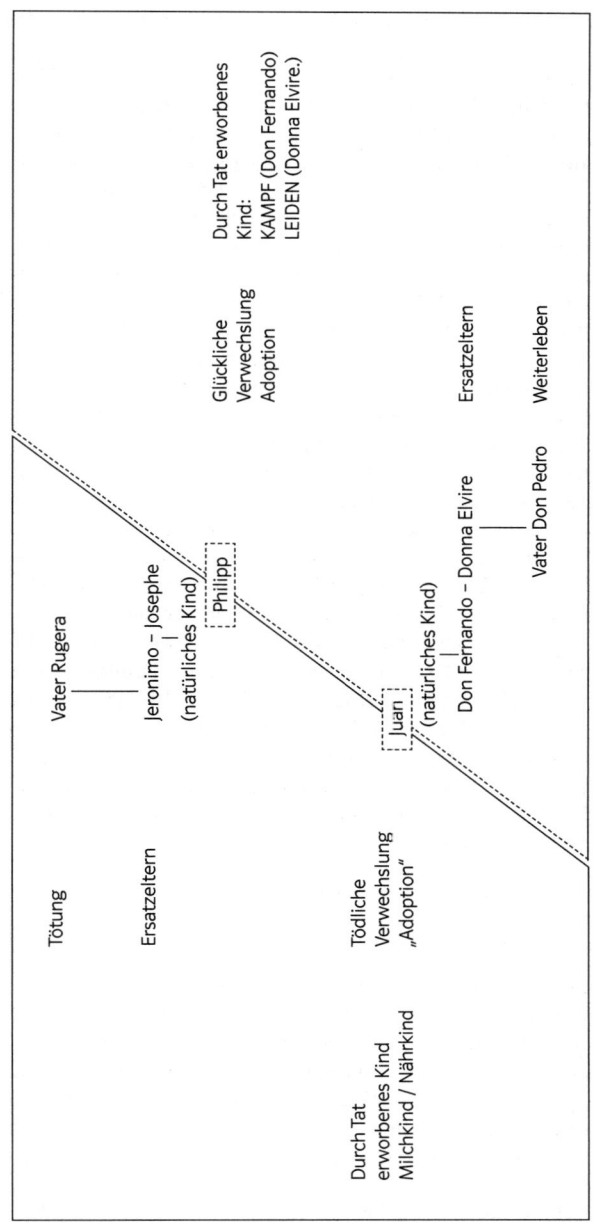

handlung Josephens an Don Fernandos Sohn Juan gerade nicht wie die guten Taten im *Nathan* zu einem glücklichen Ende, sondern ist eine der Ursachen für den tödlichen Ausgang der Novelle. „Don Fernando, dieser göttliche Held" (S. 65), wird in seinem die Standesgrenzen und das Konventionalrecht großzügig missachtenden Umgang mit den beiden Liebenden und in seinem mutigen Eintreten für sie deutlich als ein moralisches Vorbild gezeichnet. Wenn er nun nach dem Mord an seinem Sohn „voll namenlosen Schmerzes, seine Augen gen Himmel" (ebd.) hebt, so ist dies eine ebenso klare Parallele zu der oben zitierten Hiobsklage des Nathan wie seine anschließende Fügung in sein Geschick und die großmütige Adoption des Kindes, für das Juan sterben musste. Er ebenso wie seine Gattin Donna Elvire, deren Güte und Vergebungsbereitschaft der seinen in nichts nachsteht, werden damit mit allen Eigenschaften eines aufklärerischen Menschenideals ausgestattet, das ethischem Handeln den Vorzug vor emotionalen Bindungen gibt. Es scheint fast so, als ob der Liebe zu dem in Selbstüberwindung und durch eine gute Tat erworbenen Kind ein höherer Wert beigemessen werden muss als der natürlichen Kindesliebe. Dass aber Kleists Erzählung nicht so eindeutig wie Lessings Drama als die Veranschaulichung eines ethischen Lehrsatzes, eines aufklärerischen Appells an eine auf Vernunft gegründete Moral der tätigen Mitmenschlichkeit gelesen werden kann, darauf macht die subtile Ironie der Schlussformulierung aufmerksam. Nach dem Bericht über die Adoption heißt es da:

> „[…] und wenn Don Fernando Philippen mit Juan verglich, und wie er beide erworben hatte, so war es ihm fast, als müsst er sich freuen." (Ebd.)

In dem Gebrauch des modalen Hilfsverbs „müssen" wird der moralische Pflichtcharakter der aufklärerisch-edlen Gesinnung hervorgehoben, durch die vergleichende Wendung, das eingeschobene Adverb und den Konjunktiv aber gleichzeitig eine Distanz dazu markiert.
Don Fernando und seine Annahme des Pflegekindes sind damit keine Wiederholung der idealtypischen Verhaltensweise Nathans, sondern eine ironische Zurücknahme derselben. Sowohl in der Verwendung der Erd-

Nathan und Don Fernando im Vergleich

Die gute Tat: das Aufgreifen aufklärerischer Idealvorstellungen

Der Schlusssatz: ein ironisches Spiel mit der Tradition

bebenthematik wie auch des Familienmotivs erweist
sich die enge Bindung der Novelle an eine aufklärerisch-
literarische Tradition wie auch ihre Distanz dazu. Es
wird einerseits die Annahme einer göttlichen oder idealtypischen Ordnung der Welt einer kritischen Prüfung
unterzogen und andererseits die Annahme einer durch
die guten Taten der Einzelnen herstellbaren idealen gesellschaftlichen Ordnung mit Zurückhaltung betrachtet.

Zur Komposition

Die Struktur der Erzählung

Handlung

- Die Handlungsführung der Erzählung erinnert an den strengen Aufbau eines geschlossenen Dramas (Fünfaktschema).
- Dabei ist die Erzählung symmetrisch aufgebaut und um einen Mittelteil herum angeordnet, der als Spiegelachse begriffen werden kann:
- 1. Erzählabschnitt: Vorgeschichte
- 2. Erzählabschnitt: Befreiung und Flucht Jeronimos bis zur Wiedervereinigung mit Josephe
- 3. Erzählabschnitt (= Mittelteil und Spiegelachse): Aufenthalt im abgelegenen Tal
- 4. Erzählabschnitt: Rückkehr in die Stadt und Tod der Protagonisten
- 5. Erzählabschnitt: Adoption Philipps durch Don Fernando und dessen Frau

Tektonischer Bau

Die Erzählung ist klar gegliedert und symmetrisch gebaut. Um einen in Inhalt und Stil deutlich von den übrigen Passagen abgesetzten Mittelteil (III), der von dem Aufenthalt in dem abseits gelegenen Tal berichtet und der gleichsam die Spiegelachse der Handlung darstellt, gruppieren sich je zwei einander in Sprachduktus und Ereignisfolge ähnliche Erzählabschnitte.

Spiegelachse

Hinführungsteil: steigende Handlung

Es ist dies zum einen die Darlegung der Vorgeschichte (I), die sich an die einleitenden Zeilen der Novelle über den Selbstmordversuch Jeronimos und das plötzliche Auftreten des Erdstoßes anschließt. Sie geschieht in der Form einer stark raffenden Rückblende, die expositorische Funktion hat. An den Zeitpunkt des Erzählbeginns anknüpfend wird dann in einem ersten Erzählstrang die Befreiung und Flucht Jeronimos dargelegt bis zu seiner Begegnung mit Josephe, worauf in einem zweiten Erzählstrang, wiederum durch eine Rückblende, deren Erlebnisse bis zu der Wiedervereinigung der Liebenden geschildert werden (II). Der Erdstoß zu Beginn der Erzählung erscheint dabei als ein erster Wendepunkt, als auslösender Faktor, der eine positive Handlungsentwicklung in Gang setzt. Es ist dies zum anderen der Bericht über die Rückkehr der beiden in die Stadt und ihren gemeinsamen Tod (IV), an den der

Schlussteil: fallende Handlung

erzählerische Ausblick über die Adoption Philipps angefügt wird (V). Den Anstoß zu dieser Katastrophe gibt der gemeinsame Entschluss Jeronimos und Josephes, sich dem allgemeinen Zug zurück nach St. Jago anzuschließen, der als zweiter Wendepunkt der Handlung anzusehen ist.

Wie schon in der Novelle „Die Marquise von O…" ist auch in der Handlungsführung von „Das Erdbeben in Chili" eine starke Anlehnung an den tektonischen Aufbau eines dramatischen Werkes erkennbar. Sie mündet aber im Unterschied zu der ersten Erzählung hier in eine tragische Katastrophe.

KURZINFO

Ort der Handlung und Ortswechsel

- Ort der Handlung ist in den ersten Teilen der Erzählung das städtische Milieu St. Jagos, in dem Josephe und Jeronimo noch in ihre Familien eingebunden sind, später als gesellschaftliche Außenseiter behandelt werden.
- Nach dem Erdbeben spielt die Handlung zunächst im abgelegenen Tal und in der freien Natur, wo die beiden Liebenden mit ihrem Kind zum ersten Mal frei zu einer neuen Familien zusammenfinden.
- Später kehren Josephe und Jeronimo in der Stadt zurück, wo die alten gesellschaftlichen Autoritäten herrschen und beide ermordet werden.

Die Handlung wird in den ersten Teilen der Erzählung an einem geographisch präzise festgelegten Ort, in dem städtischen Milieu St. Jagos, angesiedelt, an dem alle Figuren in ihre Familien eingebunden erscheinen, also ihren sozial festgelegten und angestammten Platz haben. Mit der Zeugung Philipps an einem Ort, der symbolisch eine Verbindung von freier Natur und menschlich-gesellschaftlicher Einschränkung darstellt, dem von Klausurmauern umgebenen Klostergarten, zerbricht diese konventionelle Ordnung zunächst, das heißt die Familienbindungen werden gestört, die beiden zu gesellschaftlichen Außenseitern. Das Erdbeben aber führt sie aus der Stadt heraus an einen nicht genauer bestimmten Schauplatz, der sich nun ganz und gar in der freien Natur befindet und an dem sich die beiden Liebenden mit ihrem Kind zum ersten Mal frei zu einer neuen Familie zusammenfinden. In der Nacht unter dem Granatapfelbaum wird so die in der Nacht im Klostergarten begonnene Liebeshandlung weitergeführt

Die Bedeutung des Schauplatzes / Ortswechsel Stadt – Natur – Stadt

und gelangt zu einem vorläufigen Höhepunkt. Ihre Vollendung aber erreicht sie, nach der Rückkehr der beiden in die Stadt, in einer pervertierenden Umkehrung der Lesererwartung in dem abendlichen Massaker auf dem Kirchplatz in St. Jago. Die Handlung ist so auf einen Schauplatz zurückverlegt worden, in dem die Macht menschlich-gesellschaftlicher Autoritäten durch den Monumentalbau des Doms bildhaft dokumentiert ist. Damit ist die in drei Schritten entwickelte Liebeshandlung abgeschlossen. Das Versprechen der gemeinsam verbrachten Nächte wird in dem gemeinsamen Tod Jeronimos und Josephes eingelöst.

KURZINFO

Familienstrukturen

- Den traditionellen Familienstrukturen, denen Josephe und Jeronimo zum Opfer fallen, wird am Ende der Erzählung mit der Adoption Philipps, eines im konventionellen Sinne illegitimen Kindes, ein neues und gewandeltes Bild der Familie entgegengehalten.

Figurenkonstellation: die Zerstörung und der Aufbau von Familienstrukturen

Das Motiv der innerfamiliären Zwistigkeiten, das zu Beginn der Erzählung nur über Josephes Familie, das energische Einschreiten Don Henrico Asterons und seines Sohnes, eingeführt wird, wird in grotesk verzerrter Form im Schlussteil komplementär wieder aufgenommen. Dort wird gezeigt, dass auch Jeronimos Vater die Vereinigung der beiden verurteilt, indem er sich sogar zum Vollstrecker dieses Urteils an seinem eigenen Sohn macht.

Dieser Umkehrung der Familienbande in eine familiäre Tötungs- und Vernichtungsmaschinerie wird jedoch in dem Ausblick der Erzählung die Konstitution neuer Bindungen in Analogie und Kontrast gegenübergestellt, wenn Don Fernando und Donna Elvire als Ersatzeltern an die Stelle von Jeronimo und Josephe treten. Damit vollenden sie, was den beiden Liebenden nicht gelingt: die Überführung eines illegalen, aufrührerischen Ereignisses, die gegen moralische Konventionen verstoßende Zeugung des deshalb auch illegitimen Kindes, in die beständige, legale Ordnung einer neuen Familienstruktur. Diese Kompositionsstrukturen lassen sich auch graphisch (s. S. 106) darstellen.

Die Verwendung religiöser Motive

KURZINFO

Die ironische Verkehrung religiöser Motive

- Kleist zitiert viele religiöse Motive. Allerdings lässt sich daraus keine religiöse Aussage und Deutbarkeit der Erzählung ableiten.
- Im Gegenteil: Kleists mitunter blasphemischer Umgang mit den religiösen Zitaten, ihre oftmals ironischen Verkehrungen zeigen, dass sich die Erzählung einer religiösen Interpretation gerade verweigert.

Die mit auffälligste Eigenart der Erzählung ist die Häufigkeit, mit der Kleist in ihr religiöse Motive verwendet, und die Dreistigkeit, mit der er diese blasphemisch-ironisch verkehrt.

So verweist der „Sündenfall" des Geschlechtsaktes im Klostergarten auf den biblischen Sündenfall im Paradiesgarten, ein Zitat, das in der Beschreibung der paradiesisch schönen Nachtlandschaft erneut aufgegriffen und überhöht wird. Hier finden Jeronimo und Josephe – vorläufig – Frieden und Glück, „als ob es das Tal von Eden gewesen wäre" (S. 55). Josephe wird sowohl durch die Assoziationen, die durch die Namensgleichheit mit dem Pflegevater Jesu geweckt werden, wie auch durch den zweideutig als Stoßgebet und als Anrede zu verstehenden Ausruf Jeronimos bei ihrem Anblick, „O Mutter Gottes, du Heilige!" (S. 53), in Analogie zur Gottesmutter Maria gesetzt. Es ist jedoch ein derb-komisches erzählerisches Spiel mit dem religiösen Motiv der unbefleckten Empfängnis der Gottesmutter und der Jungfrauengeburt, wenn Josephe gerade am Fronleichnamsfest, dem Fest der Menschwerdung Christi, an dem dessen heiliger Leib verehrt wird, ihrem Kind das Leben schenkt und so die Unbeflecktheit ihres Novizinnengewandes Lügen straft. Diese Mischung von Profanem und Heiligem ist ein Stilprinzip der Erzählung.

So erinnert die folgende Beschreibung der Nachtruhe der jungen Familie an bildhafte Darstellungen der Heiligen Familie, Joseph und Maria mit dem Jesukind, aber auch an Darstellungen Gottvaters mit Maria, die Christus trägt:

Paradies und Sündenfall

Die Jungfrauengeburt

Die Heilige Familie

> „Hier [im Tal] ließ sich Jeronimo am Stamme nieder, und Josephe in seinem, Philipp in Josephens Schoß, saßen sie, von seinem Mantel bedeckt, und ruhten." (S. 55)

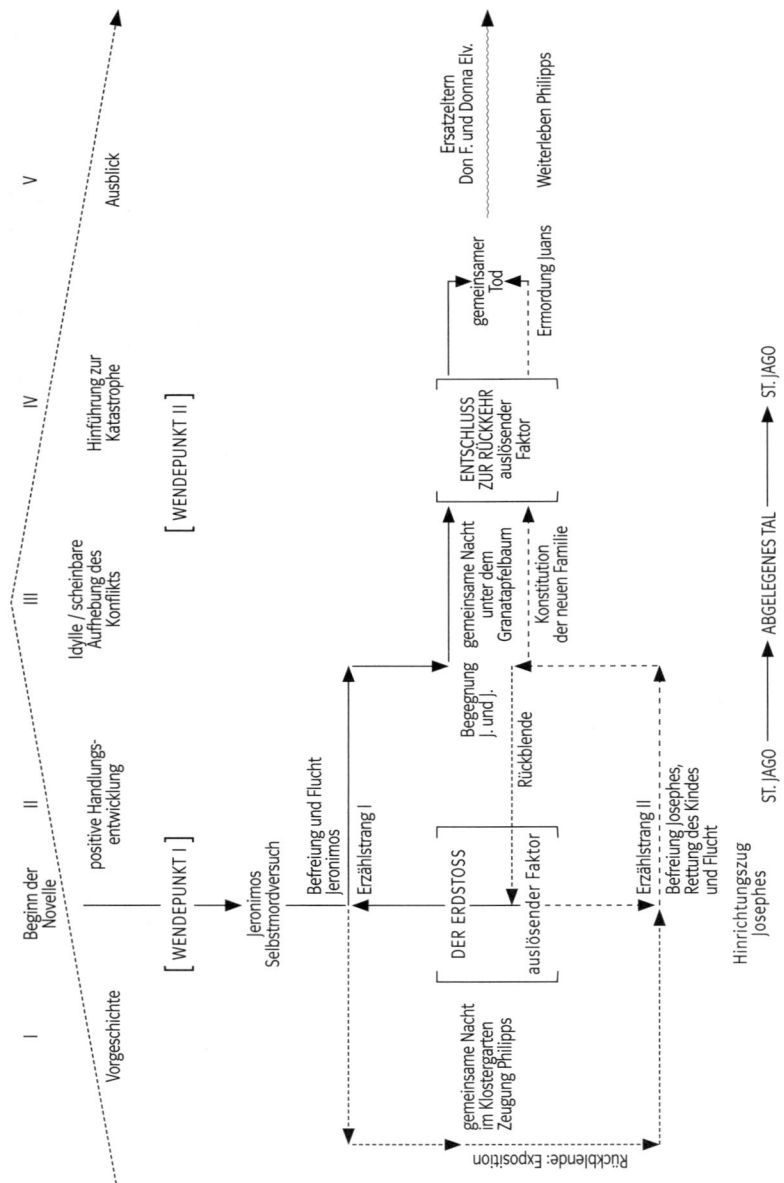

Dieses religiöse Bild wird aber zweifach gebrochen. Einmal ist da das deutliche erotische Element, mit dem die Szene aufgeladen wird, denn bei dem Baum, unter dem sie sich lagern, handelt es sich um

> „[…] einen prachtvollen Granatapfelbaum, der seine Zweige, voll duftender Früchte, weit […]." (Ebd.)

Der Garten Eden: Wollust und Tod

Zum andern ist der Granatapfel, ein antikes Symbol der Fruchtbarkeit, zwar in der christlichen Tradition ein häufig verwendetes Motiv in der Mariensymbolik geworden, verweist aber in seiner ursprünglichen Bedeutung auch auf den Tod, ist die Frucht Persephones, der Göttin der Unterwelt. In der Verklärung dieses idyllischen Bildes wird demnach schon auf die kommende Katastrophe verwiesen.

Häufig sind Interpretationen des Erdbebens als Vorboten des Jüngsten Gerichts:

> „Man erzählte […] wie die Mönche darin, mit dem Kruzifix in der Hand, umhergelaufen wären, und geschrieen hätten: das Ende der Welt sei da!" (S. 57)

Das Weltgericht

Sie werden aber durch das Verhalten der Menschen als absurd entlarvt: Tatsächlich wird statt absoluter Gerechtigkeit ein Zustand der allgemeinen Rechtlosigkeit geschaffen, der seinen Höhepunkt in der Ermordung des Liebespaares findet. Diese werden in einer Umkehrung einer religiös-literarischen Vorlage, der Steinigung des Stephanus aus der Apostelgeschichte (7,54–60), zu Märtyrern verklärt:

> „Er *ist* der Vater! schrie eine Stimme; […] und: sie *sind* die gotteslästerlichen Menschen! eine dritte; und: steinigt sie! steinigt sie! die ganze im Tempel Jesu versammelte Christenheit!" (S. 63)

Märtyrertod der Liebenden

Ironisch ist die Verwendung deshalb, weil die beiden damit nicht für den Glauben, sondern für ihre Liebe, die aus kirchlicher Sicht ein Vergehen darstellt, Zeugnis geben.

Die maßloseste Abwandlung eines religiösen Motivs ist jedoch das der Heilsgeschichte, die dem durch Gott veranlassten Opfer- und Sühnetod Christi, des Gottessohnes, nachempfundene Tötung Jeronimos durch seinen Vater.

Anschließend wiederholt sich die symbolische Handlung Josephes, die ihr Kind nach den Schrecken des Katastrophentages in einer Quelle badet, um ihm ein neues Leben zu eröffnen, in dem Opfertod der Eltern, die durch diese Bluttaufe ihrem Sohn ein Weiterleben ermöglichen.

Die Verwendung der religiösen Zitate in der Novelle zielt insgesamt nicht auf eine religiöse Gesamtaussage oder Deutbarkeit der Erzählung hin, sondern will sich durch die Umkehrung, durch die Säkularisierung dieser Motive, gerade einer solchen verweigern.

Die Säkularisierung der religiösen Zitate

Erzählperspektive und sprachliche Gestaltung

Wie allgemein in Kleists Werk ist auch bei der sprachlichen Analyse der Erzählung „Das Erdbeben in Chili" vor allem die Eigenart des Kleist'schen Satzbaus hervorzuheben, der sowohl durch seine Komplexität wie auch nicht selten durch seine Kühnheit den Leser sehr stark fordert. Die Dichte der syntaktischen Fügungen hat dabei eine bewusste stilistische Funktion. Verblüffend ist dabei, wie durch Varianten derselben sprachlichen Mittel eine ganz unterschiedliche Wirkung erzeugt wird. So sind die inhaltlich unterschiedlichen Anfangs- bzw. Schlussteile der Erzählung und ihr mittlerer Abschnitt auch sprachlich kontrastiv gestaltet. Diese Analogie und Divergenz in der sprachlichen Komposition soll im Vergleich zweier Textstellen aufgezeigt werden (vgl. dazu die graphische Darstellung S. 110 f.). Die erste beschreibt, was Jeronimo unmittelbar nach seiner Befreiung widerfährt (I), die zweite hat die gemeinsam verbrachte Nacht nach der Wiedervereinigung des Paares zum Gegenstand (II).

Die sprachliche Kontrastierung von Gewalt und Idylle

Nach der Lektüre der ersten Textstelle herrscht als dominanter Eindruck die Bewegtheit des Geschehens vor, die rasche Abfolge von Ereignissen, die Eigendynamik der Katastrophe. Das liegt zum einen an dem ausgesprochenen Verbalstil, wobei fast ausschließlich Verben der Bewegung verwendet werden. Dieses Wortfeld wird auch von einigen Partizipien und Substantiven aufgenommen. Zum anderen wird dies durch die Kompositi-

Dynamik (I)

Verbalstil

on des Abschnittes bestimmt. Zwei Satzgefüge am Anfang und am Ende der Passage, die über Anfang und Ende der Flucht Jeronimos aus der Stadt berichten und aus Hauptsatz und Temporalsatzeinschub bestehen, geben die Zeitachse für das Geschehen an und bilden damit eine temporale Klammer für den Mittelteil. In diesem wird Jeronimos Fluchtweg dargestellt. Der Eindruck eines atemlosen Berichts über die Schreckenserlebnisse, die sich in der eiligen Abfolge fast überstürzen, wird durch die Verwendung von Satzreihen erzielt. Es werden gleichrangige Sätze mit gleichem syntaktischen Aufbaumuster aneinandergereiht, asyndetisch, also ohne verbindende Konjunktion, nur durch Satzzeichen getrennt. Gleichförmigkeit wie Allgegenwärtigkeit der Gräuel spiegeln sich in dem identischen, sich wiederholenden Satzanfang. Einer durch diesen repetierenden Aufbau vielleicht drohenden Monotonie des Berichts wirkt die überaus geschickte kontrastive Fügung der Einzelereignisse entgegen. Zunächst wird über das Wirken gegensätzlicher Naturkräfte berichtet. Die Bedrohung durch Feuersgluten geht der todbringenden Überschwemmung voraus (vgl. Z. 12 f.). Der Blick Jeronimos wird anschließend zuerst auf die Vernichtung *vieler* Menschen gelenkt, dann hört er das *leise* Stöhnen eines *einzelnen* Überlebenden (vgl. Z. 19 f.), daraufhin *laute* Hilferufe von anderen (vgl. Z. 20 f.). Das Ausgeliefertsein an die Vernichtungskraft der *Flammen* wird erneut von der Beschreibung der zerstörenden Gewalt des *Flusses* abgelöst, die in eine Gegenüberstellung von menschlicher *Tatkraft* und menschlicher *Hilflosigkeit* mündet (vgl. Z. 21 ff.). Alle Geschehnisse fügen sich in ihrer Gegensätzlichkeit zu einem gleichförmigen Eindruck des Grauens zusammen, da diese unterschiedlichen Facetten des Unglücks jeweils stellvertretend für ein allgemeines Schicksal aufgeführt werden. Die wenigen verwendeten Attribute dienen der Unterstreichung dieser vielfältigen, Jeronimo fast gleichzeitig erreichenden Sinneseindrücke. Die Dominanz, ja Gewalt dieser Wahrnehmungen wird zweimal hervorgehoben, indem Jeronimo sich zunächst „besinnungslos" (Z. 4) findet und nach Verlassen der Stadt sogar „ohnmächtig" (Z. 29) wird. Das Ausgeliefertsein der Hauptfigur an die Macht der Naturkatastrophe wird noch betont durch eine Wen-

Parataxe

Der Gebrauch von Gegensätzen

Die sprachliche Kontrastierung von Gewalt und Idylle

(I) Idylle

Satzgefüge

<u>Kaum</u> befand er sich im Freien, <u>als</u> die ganze, schon *erschütterte* Straße auf eine zweite *Bewegung* der Erde völlig *zusammenfiel*. Besinnungslos, wie er sich aus die-
5 sem allgemeinen Verderben retten wür-
de, <u>eilte</u> er, über *Schutt und Gebälk* hinweg, indessen **der Tod** von allen Seiten **An-griffe** auf ihn **machte**, nach einem der nächsten Tore der Stadt. Hier stürzte
10 noch ein Haus zusammen, und jagte ihn,

Satzreihe

die Trümmer weit umherschleudernd, in eine Nebenstraße; hier **leckte** *eine Flamme* schon, *in Dampfwolken blitzend*, aus allen Giebeln, und **trieb** ihn schreckenvoll in
15 eine andere; hier **wälzte sich**, aus seinem

asyndetische Reihung
anaphorisch
parallelistisch
(„hier")

Gestade gehoben, der Mapochofluss auf ihn heran, und **riss** ihn *brüllend* in eine dritte. Hier lag ein Haufen Erschlagener, hier *ächzte* noch eine Stimme unter dem
20 Schutte, hier *schrien* Leute von *brennenden* Dächern herab, hier **kämpften** Menschen und Tiere mit den Wellen, hier war ein mutiger Retter bemüht, zu helfen; hier stand ein anderer *bleich wie der Tod* und
25 *streckte sprachlos zitternde Hände* zum Him-mel. <u>Als</u> Jeronimo das Tor erreicht und einen Hügel jenseits desselben bestiegen

Satzgefüge

hatte, <u>sank</u> er ohnmächtig auf demsel-ben nieder. (S. 51)

Temporalklammer – Imperfekt: Handlungsfolge

—— **Temporalangaben**
········ **Bewegung**

kursiv **Sinneseindrücke**
fett **Personifikation der Natur**

(II) Statik

Temporalklammer – Plusquamperfekt: abgeschlossene Handlung

<u>Indessen</u> war die *schönste* Nacht **herabge-
stiegen**, voll *wundermilden Duftes*, so *silberglänzend und still*, wie nur ein Dichter davon träumen mag. Überall, längs der
5 Talquelle, <u>hatten</u> sich, *im Schimmer des
Mondscheins*, Menschen <u>niedergelassen</u>
und bereiteten sich sanfte Lager von
Moos und Laub, um von einem so qualvollen Tage auszuruhen. Und weil die Ar-
10 men immer noch *jammerten*; dieser, dass
er sein Haus, jener, dass er Weib und
Kind, und der dritte, dass er alles verloren habe: so <u>schlichen</u> Jeronimo und Josephe in ein dichteres Gebüsch, um durch
15 das heimliche Gejauchz ihrer Seelen niemand zu betrüben. Sie <u>fanden</u> einen
prachtvollen Granatapfelbaum, der seine
Zweige, voll *duftender* Früchte, weit **ausbreitete**; und die Nachtigall **flötete** im
20 Wipfel **ihr** *wollüstiges* **Lied**. Hier ließ sich
Jeronimo am Stamme nieder, und Jose-
phe in seinem, Philipp in Josephens
Schoß, saßen sie, von seinem Mantel
bedeckt, und ruhten. *Der Baumschatten*
25 zog, mit seinen *verstreuten Lichtern*, über
sie hinweg, und *der Mond erblasste* schon
wieder vor der *Morgenröte*, <u>ehe</u> sie ein-
schliefen. (S. 55)

Satzgefüge

**polysyndetischer
Anschluss („und")**

dung im grammatikalischen Aufbau des Berichts. Während Jeronimo in den einleitenden und schließenden Satzgefügen des Abschnittes Subjekt des Satzes ist, wird er ab dem Einschub des zweiten Satzes (Z. 7 f.) im Mittelteil zum Objekt gemacht. Komplementär dazu werden die Naturgewalten, die ihm gegenüber hier als Subjekt auftreten, personifiziert, was die Ohnmacht Jeronimos und die Gewalt des Geschehens noch unterstreicht.

Demgegenüber fällt der fast lyrische Ton der zweiten Textstelle auf. Dabei ist sie in der Komposition identisch.

Statik (II)

Auch hier bildet eine Temporalklammer zu Beginn und Schluss den Rahmen für das Geschehen. Die verwendeten Verben drücken jedoch nicht Bewegung aus, sondern betonen das Aufhören jeder Bewegung, einen Zustand der Ruhe. Dieses statische Moment zeigt sich auch im Tempus der einleitenden Sätze. Das verwendete Plusquamperfekt gibt keine Handlung als solche wieder, sondern betont den Abschluss einer Handlung und den damit erreichten Zustand. Die durchgängige Verwendung von Satzgefügen begünstigt ein ruhiges, pausierendes Lesen. Reihungen werden durch die sich wiederholende Konjunktion „und" polysyndetisch verbunden, was den Eindruck eines harmonisch gefügten Ganzen noch erhöht. Auch hier werden, wie in der Textstelle zuvor, Naturelemente personifiziert, aber nicht als gewalttätige Kräfte gesehen, sondern als idyllische Zeichen einer den Menschen wohl gesonnenen belebten Natur. Auffallend ist der im Vergleich zum oben beschriebenen Textausschnitt viel häufigere Gebrauch von Attributen. Diese dienen ebenfalls dazu, das Geschehen für den Leser sinnlich erfassbar zu machen, die Betonung liegt hier aber auf der Schönheit der Naturerscheinungen und ihrem lustvollen Erleben durch die Hauptfiguren. Der Verallgemeinerung der Gräueltaten auf der einen Seite steht hier die Verallgemeinerung der Lieblichkeit und Milde der Natur gegenüber. Trotz des einheitlichen Gesamteindrucks ist jedoch ein kontrastiver Aufbau vorhanden. Der Idylle der Natur und korrespondierend dazu der Idylle der Liebesvereinigung Jeronimos und Josephes stehen die Klagen der Opfer der Katastrophe unvereinbar gegenüber. Deutet dieser unauflösliche Widerspruch schon auf das Illusionäre dieser harmonischen Idylle hin, so wird das Scheinhafte

Tempus/Satzbau

Idyllische Naturdarstellung

Das Schicksal der Menschen: ein innerer Widerspruch

und Subjektive dieser Nachtwelt noch durch einen ironischen Erzählerkommentar unterstrichen.

Nach der lyrischen, fast übertriebenen Beschreibung des Einbruchs der Nacht verweist der auktoriale Erzähler diese durch den Einschub „wie nur ein Dichter davon träumen mag" (Z. 3 f.) in den Bereich der reinen Vorstellung oder des Traumes. Damit geht er auf ironische Distanz zu der dargestellten Idylle und gibt einen Hinweis auf das Scheinhafte und Temporäre des im Mittelteil der Erzählung aufgebauten Lösungsangebotes.

Erzählerkommentar: Ironisierung der Idylle

Die Anwesenheit eines distanzierten und ironisch wertenden Erzählers ist in allen Teilen der Erzählung spürbar. Die Bemerkung, die Hoffnungen Josephes und Jeronimos nach der Nacht im Tale seien „Gedanken von seltsamer Art" (S. 57), drückt dabei nur leichte Skepsis aus. In der Beschreibung der Vorbereitungen der adligen Jungfrauen von St. Jago auf die bevorstehende Hinrichtung Josephes dagegen wendet sich die Ironie in dem Kontrast der Adjektive und des Verhaltens schon zum Sarkasmus:

Der auktoriale Erzähler: ironische Wertungen

> „[…] und die frommen Töchter der Stadt luden ihre Freundinnen ein, um dem Schauspiele, das der göttlichen Rache gegeben wurde, an ihrer schwesterlichen Seite beizuwohnen." (S. 50)

Für eine derartige ironische Entlarvung von Scheinheiligkeit lassen sich noch weitere Beispiele finden. So greift einer der Gewalttäter Josephe „heiliger Ruchlosigkeit voll" (S. 62) an. Die Verwendung des Begriffs „die ganze im Tempel Jesu versammelte Christenheit" (S. 63) für den Mob im Dom ist im Kontrast zu dessen Verhalten eindeutig als ironischer Kommentar zu verstehen.

Nimmt der Erzähler also zum Geschehen und zu den Figuren insgesamt eine distanzierte Haltung ein, so bleibt die Art seiner Wertung bei einer Figur unklar. Die Apposition „dieser göttliche Held", mit der Don Fernando aufgrund seiner Verteidigung der Liebenden beurteilt wird (S. 23), kann sowohl eindeutig sein und Anerkennung ausdrücken, als auch die unfreiwillige tragische Komik einer Figur betonen, deren Verhaltensmaßstäbe nicht mehr zeitgemäß sind. Denn die kavaliersmäßigen Ehr- und Benehmensvorstellungen Don Fernandos tragen eine Mitschuld an der Rückkehr des Paares nach St.

Ambivalenz in der Kommentierung Don Fernandos

Jago und deren Folgen, und seine ritterliche Verteidigung kann die Tötung Jeronimos und Josephes nicht verhindern. In dem Schlusskommentar des Erzählers, der Don Fernandos Empfinden beim Anblick seines Adoptivsohnes zum Inhalt hat, wird die Wertung der Früchte seines Verhaltens absichtlich uneindeutig gehalten.

3 Geistesgeschichtlicher und biographischer Kontext

Automatenmenschen und Seismographen

Das 18. Jahrhundert ist, wie Immanuel Kant es in seinem berühmten Aufsatz „Beantwortung der Frage: Was ist Aufklärung?" (1784) definiert hat, das Jahrhundert der Aufklärung. Es ist ein Zeitalter der Wissenschaften, geprägt von einem unablässigen Erforschen der Sinnzusammenhänge in der Natur und in dem Verhalten der Menschen. Es ist ein Zeitalter der Ablösung von religiösen oder magischen Welterklärungssystemen und des wachsenden Vertrauens in die Fähigkeit der menschlichen Vernunft, alles Wissenswerte über die Welt aus eigener Kraft in Erfahrung zu bringen und in allen moralischen Entscheidungen in freier Selbstbestimmung über sich zu verfügen. Neben der Erforschung anderer Naturphänomene war die Frage nach der Entstehung und Organisation von Leben die vordringlichste. Denn hier galt es, das Rätsel Mensch selbst zu lösen. Der aufklärerische Denker, der eine der radikalsten Lösungen dieser Problemstellung anbot, war Julien Offray de La Mettrie. In seiner Abhandlung *Der Mensch als Maschine* (*L'homme machine*, 1747) entwarf er ein komplettes mechanisches Erklärungsmodell des Menschen.

Entsprechend dieser Vorstellung wurde der Traum, den künstlichen Menschen zu konstruieren, gleichermaßen zu einer Obsession der Techniker wie der Literaten. Die Technik brachte in der Folge eine ganze Reihe von Automatenwesen und Automatenmenschen hervor, die Dichtung das Motiv des durch menschlichen Erfindungsgeist geschaffenen Wesens oder Ungeheuers. La Mettries Vorstellungen und die seiner Zeitgenossen bilden damit die Grundlage einer wissenschaftlichen Auffassung des 20. Jahrhunderts, nach der die körperlichen und geistigen Prozesse des Menschen in gleicher Weise auf materielle, physiologische Ursachen zurückgeführt werden und damit erklärbar erscheinen. Im Unterschied

Aufklärung als Geisteshaltung

Die Welt als rationales System

Automatenmenschen, Homunculi und Frankenstein

Die Vernunft als Steuermechanismus des Menschen

zu La Mettrie, der letztlich im Lustprinzip den Steuermechanismus menschlichen Verhaltens erkennen will und deshalb eine geächtete Außenseiterposition einnimmt, sollte für die meisten anderen aufklärerischen Denker der Steuermechanismus der Maschine Mensch von der Vernunft gebildet werden, die alle seelischen und körperlichen Funktionen lenkt.

Die Natur als mechanisches Gebilde

Parallel zu der Überzeugung, der Mensch sei ein nach logischen Gesetzmäßigkeiten konstruiertes und danach handelndes Wesen, steht der Glaube an eine nach logischen Gesetzmäßigkeiten konstruierte und danach ablaufende natürliche Ordnung. Auf ironische Weise lässt Voltaire in seinem Roman *Candide oder Der Optimismus* (1759) den Philosophen Pangloß diese rationalistische Sicht der Welt vertreten. Er schickt Candide und seinen Begleiter nach Lissabon zur Zeit des großen Erdbebens von 1755, und während dieser von herabstürzenden Steinen verletzt mitten auf der Straße unter dem Schutt liegt und glaubt, sterben zu müssen, erklärt ihm Pangloß, dass das Erdbeben an sich nichts Neues sei.

Die Ratio als Garant einer optimistischen Lebenshaltung

Sowohl der Konstruktion der Automatenmenschen wie dem seismographischen Erklärungsversuch des Pangloß liegt der optimistische aufklärerische Glaube an die Möglichkeit einer vollkommenen rationalen Erfassbarkeit von Welt und Mensch zugrunde.

Kleists ambivalente Haltung zur aufklärerischen Tradition

KURZINFO

Kleists Nähe und Ferne zur Aufklärung

- Kleist steht zunächst in der Tradition der Aufklärung. In jungen Jahren glaubt er an die Möglichkeit einer vernunftgelenkten Durchformung der eigenen Natur und des eigenen Lebens.
- Später zweifelt er allerdings an der Umsetzbarkeit aufklärerischer Vorstellungen und immer mehr auch an der Richtigkeit und Angemessenheit ihrer Voraussetzungen.
- Dem rationalen und mechanischen Menschen- und Weltbild hält Kleist die Dominanz von ungeordneten, chaotischen Naturkräften und der irrationalen Triebstruktur des Menschen entgegen, etwa in den beiden Novellen „Die Marquise von O…" und „Das Erdbeben in Chili".
- Er wird so einerseits zum Vorläufer moderner anti-aufklärerischer Theorien.
- Andererseits bleibt Kleist mit seiner Sehnsucht nach einem letzten, geordneten Sinnzusammenhang, die sich in der Anlage seiner Erzählungen und der unablässigen Sinnsuche seiner Figuren niederschlägt, der Geschichtsphilosophie seiner Zeit wiederum verhaftet.
- Ein berühmtes Zeugnis dieser Ambivalenz ist sein 1810 erschienener Aufsatz „Über das Marionettentheater".

Der junge Heinrich von Kleist ist stark von aufklärerischem Gedankengut geprägt. Davon zeugen viele seiner frühen Briefe, von denen hier nur einer vom Mai 1799 herangezogen werden soll. Darin macht er seiner Schwester Ulrike ernste Vorhaltungen über die Notwendigkeit, ihren weiteren Lebensweg zu bedenken und zu planen.

Die Übernahme aufklärerischen Ideenguts durch Heinrich von Kleist

> „Tausend Menschen höre ich reden und sehe ich handeln, und es fällt mir nicht ein, nach dem Warum? zu fragen. Sie selbst wissen es nicht, dunkle Neigungen leiten sie, der Augenblick bestimmt ihre Handlungen. Sie bleiben für immer unmündig und ihr Schicksal ein Spiel des Zufalls. Sie fühlen sich wie von unsichtbaren Kräften geleitet und gezogen, sie folgen ihnen im Gefühl ihrer Schwäche wohin es sie auch führt, zum Glücke, das sie dann nur halb genießen, zum Unglücke, das sie dann doppelt fühlen.
> Eine solche sklavische Hingebung in die Launen des Tyrannen Schicksal, ist nun freilich eines freien, denkenden Menschen höchst unwürdig. Ein freier, denkender Mensch bleibt da nicht stehen, wo der Zufall ihn hinstößt; oder wenn er bleibt, so bleibt er aus Gründen, aus Wahl des Bessern. Er fühlt, daß

man sich über das Schicksal erheben könnte, ja, daß es im richtigen Sinne selbst möglich sei, das Schicksal zu leiten. Er bestimmt nach seiner Vernunft, welches Glück für ihn das höchste sei, er entwirft sich seinen Lebensplan, und strebt seinem Ziele nach sicher aufgestellten Grundsätzen mit allen seinen Kräften entgegen. Denn schon die Bibel sagt, willst du das Himmelreich erwerben, so lege selbst Hand an.

1799: Mündigkeit des Menschen als Zielvorstellung / Bedeutung der Vernunft

Solange ein Mensch noch nicht im Stande ist, sich selbst einen Lebensplan zu bilden, so lange ist und bleibt er unmündig, er stehe nun als Kind unter der Vormundschaft seiner Eltern oder als Mann unter der Vormundschaft des Schicksals. Die erste Handlung der Selbständigkeit eines Menschen ist der Entwurf eines solchen Lebensplans. Wie nötig es ist, ihn so früh wie möglich zu bilden, davon hat mich der Verlust von sieben kostbaren Jahren, die ich dem Soldatenstande widmete, von sieben unwiederbringlich verlornen Jahren, die ich für meinen Lebensplan hätte anwenden gekonnt, wenn ich ihn früher zu bilden verstanden hätte, überzeugt.

Geradlinigkeit und Zielstrebigkeit im Denken und Verhalten

Ein schönes Kennzeichen eines solchen Menschen, der nach sichern Prinzipien handelt, ist Konsequenz, Zusammenhang, und Einheit in seinem Betragen. Das hohe Ziel, dem er entgegenstrebt, ist das Mobil aller seiner Gedanken, Empfindungen und Handlungen. Alles, was er denkt, fühlt und will, hat Bezug auf dieses Ziel, alle Kräfte seiner Seele und seines Körpers streben nach diesem gemeinschaftlichen Ziele. Nie werden seine Worte seinen Handlungen, oder umgekehrt, widersprechen, für jede seiner Äußerungen wird er Gründe der Vernunft aufzuweisen haben. Wenn man nur sein Ziel kennt, so wird es nicht schwer sein die Gründe seines Betragens zu erforschen.

[…]

Ein Lebensplan ist – – Mir fällt die Definition vom Birnkuchen ein, die Du einst im Scherze Pannwitzen gabst, und wahrlich, ich möchte Dir im Ernste eine ähnliche geben. Denn bezeichnet hier nicht ebenfalls ein einfacher Ausdruck einen einfachen Sinn? Ein Reisender, der das Ziel seiner Reise, und den Weg zu seinem Ziele kennt, hat einen Reiseplan. Was der Reiseplan dem Reisenden ist, das ist der Lebensplan dem Menschen. Ohne Reiseplan sich auf die Reise begeben, heißt erwarten, daß der Zufall uns an das Ziel führe, das wir selbst nicht kennen. Ohne Lebensplan leben, heißt vom Zufall erwarten, ob er uns so glücklich machen werde, wie wir es selbst nicht begreifen.

Ja, es ist mir so unbegreiflich, wie ein Mensch ohne Lebensplan leben könne, und ich fühle, an der Sicherheit, mit welcher ich die Gegenwart benutze, an der Ruhe, mit welcher ich in die Zukunft blicke, so innig, welch ein unschätzbares Glück mir mein Lebensplan gewährt, und der Zustand, ohne Lebensplan, ohne feste Bestimmung, immer schwankend zwischen unsichern Wünschen, immer im Widerspruch mit meinen Pflichten, ein Spiel des Zufalls, eine Puppe am Drahte des Schicksals – dieser unwürdige Zustand scheint mir so verächtlich, und würde mich so unglücklich machen, daß mir der Tod bei weitem wünschenswerter wäre. [...]

Wunschbild: Selbstbestimmung und Unabhängigkeit

Die Vorstellung eines planbaren Lebensweges ist auf das rationalistische Menschenbild des 18. Jahrhunderts gegründet. Der Konstruktionsentwurf einer Maschine richtet sich nach deren Einsatzzweck und alle mechanischen Einzelteile haben sich dieser Funktionalität unterzuordnen. Diese Prinzipien werden hier in Analogie zum Menschen gesetzt, der sich mittels seiner Vernunft einen Lebenszweck und, davon abhängig, einen Lebensplan „konstruiert" und die „Einzelteile" seiner Persönlichkeit, Gedanken, Empfindungen, Triebe, „alle Kräfte seiner Seele und seines Körpers" gleichsam mechanisch und funktional diesem Ziel unterordnen soll. In dem Glauben an die Möglichkeit einer derart vernunftgelenkten Durchformung der eigenen Natur und des eigenen Lebens erweist sich die Beeinflussung des jungen Kleist durch die rationalistische Tradition.

Analogie von Mensch und Maschine

Die Wunschvorstellung einer harmonischen Integrierung aller Persönlichkeitsanteile, der rationalen Planung des eigenen Lebensweges, der Möglichkeit einer Selbstbestimmung in der Verfügung über das eigene Lebensglück prägt Kleists Denken entscheidend. Aber er verliert zunehmend den Glauben an die Umsetzbarkeit dieser Vorstellungen und zweifelt immer mehr an der Richtigkeit und Angemessenheit der aufklärerischen Grundlage dieser Mensch- und Welterklärungsmodelle. In den Novellen „Das Erdbeben in Chili" und „Die Marquise von O…" reicht die Kritik am rationalistischen Optimismus des 18. Jahrhunderts von subtiler Ironie bis zum offenen Sarkasmus. Nach einem Erstabdruck in Journalen, „Das Erdbeben in Chili" 1807 im *Morgenblatt für gebildete Stände* – unter dem Titel „Jeronimo und Josephe" –, die „Marquise von O…" 1808 im *Phöbus*, wurden sie 1810 von Kleist in einem Sammelband seiner erzählerischen Werke neu herausgegeben. Der ursprünglich geplante Titel dieser Ausgabe „Moralische

Kleists Abhängigkeit von der Tradition und zunehmende Zweifel

Ironische Distanz

Erzählungen" stellt die Novelle scheinbar in die aufklärerisch pädagogische Tradition lehrhafter Erzählungen zu menschlicher Selbsterziehung und Lebensführung, kann aber im Blick auf ihren Inhalt nur ironisch verstanden werden. Beide Novellen spiegeln die skeptische Distanz Kleists zu einem rational-mechanischen Menschen- und Weltbild wider. In seiner Gestaltung der Dominanz von ungeordneten chaotischen Naturkräften und der irrationalen Triebstruktur des Menschen wird er zu einem literarischen Außenseiter seiner Epoche, in seinem Denken eher modernen psychologischen Anthropologien verwandt. In seiner Sehnsucht nach einem letzten geordneten Sinnzusammenhang der Welt und des eigenen Tuns, die sich in der Anlage seiner Erzählungen und der unablässigen Sinnsuche seiner Figuren niederschlägt, bleibt er aber ein Kind seiner Zeit.

In einem 1810 erschienenen Aufsatz kommt diese Ambivalenz in Kleists Versuch einer bildhaft-theoretischen Grundlegung seiner Haltung deutlich zum Ausdruck. Gegenstand der Abhandlung „Über das Marionettentheater" ist der Widerstreit von Reflexion und Unbewusstem im Menschen, der in einem philosophischen Gespräch zwischen zwei Freunden über die Tanzkunst gleichnishaft abgehandelt wird. Der eine sieht die Bewegungen der Puppen in einem Marionettentheater als anmutiger und vollendeter an, als es diejenigen menschlicher Tänzer sein können. Das liege daran, dass sich alle Bewegungen der Marionette aus einem Schwerpunkt heraus nach den Kräften der Mechanik ableiteten.

> „Ich erkundigte mich nach dem Mechanismus dieser Figuren, und wie es möglich wäre, die einzelnen Glieder derselben und ihre Punkte, ohne Myriaden von Fäden an den Fingern zu haben, so zu regieren, als es der Rhythmus der Bewegungen, oder der Tanz, erfordere?
> Er antwortete, daß ich mir nicht vorstellen müsse, als ob jedes Glied einzeln, während der verschiedenen Momente des Tanzes, von dem Maschinisten gestellt und gezogen würde. Jede Bewegung, sagte er, hätte einen Schwerpunkt; es wäre genug, diesen, in dem Innern der Figur, zu regieren; die Glieder, welche nichts als Pendel wären, folgten, ohne irgendein Zutun, auf eine mechanische Weise von selbst."
> (Kleist, *Anekdoten*, S.72)

Kleist als Außenseiter in seiner Zeit: Vorwegnahme moderner Skepsis

Die Abhandlung „Über das Marionettentheater"

Die Überlegenheit der Marionette

Der einheitliche Schwerpunkt

Diese Versammlung in einem einheitlichen Ursprung der Bewegung hätten die Puppen den Menschen voraus, bei denen das Bewusstsein über das eigene Tun und die Orientierung nach außen, der Wunsch nach dem Beifall des Publikums, die Harmonie des Körpers störe.

> „Und der Vorteil, den diese Puppe vor lebendigen Tänzern voraushaben würde?
> Der Vorteil? Zuvörderst ein negativer, mein vortrefflicher Freund, nämlich dieser, daß sie sich niemals zierte.– Denn Ziererei erscheint, wie Sie wissen, wenn sich die Seele (vis motrix) in irgendeinem andern Punkte befindet, als in dem Schwerpunkt der Bewegung. Da der Maschinist nun schlechthin, vermittelst des Drahtes oder Fadens, keinen andern Punkt in seiner Gewalt hat, als diesen: so sind alle übrigen Glieder, was sie sein sollen, tot, reine Pendel, und folgen dem bloßen Gesetz der Schwere; eine vortreffliche Eigenschaft, die man vergebens bei dem größesten Teil unsrer Tänzer sucht." (Ebd. S.74)

Bewusstsein des Menschen als Störfaktor

Um die mangelnde Integration der unbewussten und bewussten Seelenkräfte des Menschen zu erklären, wird auf das biblische Motiv des Sündenfalls zurückgegriffen. In der ursprünglichen theologischen Aussage geht es darum, die Existenz der körperlichen, geistigen und moralischen Schwächen des Menschen dadurch zu erklären, dass ein urzeitlicher vollkommener Zustand angenommen wird – die Paradieswelt –, in dem es diese Mängel nicht gab, einen Zustand, den der Mensch durch eigene Schuld verlor. In Analogie dazu wird im „Marionettentheater" auf eine urzeitliche harmonische Einheit der menschlichen Seelenkräfte verwiesen, die aufhörte, als der Mensch sich und sein Tun zu reflektieren begann.

Der Entwurf eines Modells der Menschheitsgeschichte

> „Solche Mißgriffe […] sind unvermeidlich, seitdem wir von dem Baum der Erkenntnis gegessen haben. Doch das Paradies ist verriegelt und der Cherub hinter uns; wir müssen die Reise um die Welt machen, und sehen, ob es vielleicht von hinten irgendwo wieder offen ist." (Ebd.)

Der Baum der Erkenntnis: Sündenfall und Reflexion

Kontrast zu der im 18. Jahrhundert entstehenden Theorie des Maschinen-Menschen. Hier wird der Automat, nicht mehr als Spiegelbild, sondern als Gegenbild des Menschen gesehen. Die Vernunft wird nicht als vornehmste menschliche Eigenschaft herausgestellt, sondern es wird

Kleists Gegenentwurf zum aufklärerischen Menschenbild

auf deren negative Auswirkungen aufmerksam gemacht, die Unterdrückung anderer Antriebe, Verdrängung, Störungen des natürlichen Verhaltens. Darin ist Kleist ein Vorläufer moderner anti-aufklärerischer Theorien. Er schließt mit einem zuversichtlich anmutenden Ausblick:

Ausblick auf eine Wiederherstellung der inneren Einheit des Menschen

> „Wir sehen, daß in dem Maße, als, in der organischen Welt, die Reflexion dunkler und schwächer wird, die Grazie darin immer strahlender und herrschender hervortritt.– Doch so, wie sich der Durchschnitt zweier Linien, auf der einen Seite eines Punktes, nach dem Durchgang durch das Unendliche, plötzlich wieder auf der andern Seite einfindet, oder das Bild eines Hohlspiegels, nachdem es sich in das Unendliche entfernt hat, plötzlich wieder dicht vor uns tritt: so findet sich auch, wenn die Erkenntnis gleichsam durch ein Unendliches gegangen ist, die Grazie wieder ein; so, daß sie, zu gleicher Zeit, in demjenigen menschlichen Körperbau am reinsten erscheint, der entweder gar keins, oder ein unendliches Bewußtsein hat, d.h. in dem Gliedermann, oder in dem Gott.
> Mithin, sagte ich ein wenig zerstreut, müßten wir wieder von dem Baum der Erkenntnis essen, um in den Stand der Unschuld zurückzufallen?
> Allerdings, antwortete er; das ist das letzte Kapitel von der Geschichte der Welt." (Ebd., S. 78)

Unschuld – Entfremdung – neue Unschuld

Triadisches Modell

Fortsetzung oder Parodie des aufklärerischen Geschichtsoptimismus?

Damit wird ein künftiger Zustand in Aussicht gestellt, in dem der Mensch seine durch Reflexion gestörte Unschuld und Harmonie wiederfinden soll. So wäre der momentane Mangelzustand ein durchaus sinnvoller und funktionaler als Übergangsstadium zwischen einer rein mechanisch-harmonischen Natur ohne Bewusstsein – wie der Marionette – und einer höheren bewusst-harmonischen Einheit aller Körper- und Seelenkräfte des Menschen. In diesem dreistufigen Konzept von der Entwicklung des Wesens des Menschen klingt das zielgerichtete, optimistische Geschichts- und Weltverständnis des 18. Jahrhunderts an und der Glauben an die Möglichkeit der Vervollkommnung des Einzelnen wie des ganzen Menschengeschlechts. Doch in der Unbestimmtheit der Äußerungen, in der Übersteigerung der Zielvorstellungen und in der bewussten Umkehrung des biblischen Motivs deutet sich auch in diesem Text Kleists leichte ironische Distanz an; offen bleibt, ob er einen ernsthaften oder einen ironischen Gegenentwurf zu den teleologischen Geschichtsmodellen der Aufklärung schaffen wollte.

④ Schnellcheck

Die Marquise von O…

Das Erdbeben in Chili

Übersicht 1: Die Vaterfigur

Kleist bezieht sich in der „Marquise" auf ein **Familienmodell**, das im ausgehenden 18. Jahrhundert herausgebildet und zum **Kristallisationspunkt** des **bürgerlichen Selbstverständnisses** wird. Allerdings **parodiert** Kleist es zugleich und übt so **Kritik** daran.

Das aufklärerische Ideal der bürgerlichen Kleinfamilie

- Die Familie ist der Ort, an dem sich das **aufklärerische Ideal des Privatmannes** verwirklicht, der sich frei von gesellschaftlichen Zwängen als Mensch an andere Menschen bindet.
- In der Familie wird **Humanität**, Menschlichkeit, gelebt;
- ihr Zusammenhalt ist nicht auf äußerer Notwendigkeit, sondern auf **Liebe** gegründet.
- **Liebe** im Sinne **reiner Menschlichkeit** ist dem **sexuell-erotischen Begehren entgegengehalten** und wertet es ab.
- Das Humanitätsideal der bürgerlichen Kleinfamilie bildet in Abgrenzung zur adligen Freizügigkeit einen **strengen Tugendkatalog** heraus, über den insbesondere die **Väter** wachen (vgl. z. B. Lessing, *Emilia Galotti*).

Die Vaterfigur in Kleists „Marquise"

- Kleist charakterisiert den **Kommandanten** zunächst im Sinne der literarischen Vorlagen und den gängigen Familienvorstellungen seiner Zeit als **strengen Tugendwächter**: Der Kommandant verstößt seine Tochter, will sie sogar töten, als er von ihrer Schwangerschaft erfährt.
- Zugleich **ironisiert** Kleist das Verhalten des Kommandanten aber auch (vgl. seinen misslungenen Anschlag auf die Marquise).
- Darüber hinaus **stellt** er den **Kommandanten** in seiner **Rolle als Sitten- und Tugendwächter bloß**. Das belegt vor allem die Versöhnungsszene zwischen Vater und Tochter, die deutlich genug mit erotischen Untertönen beschrieben wird: Sie zeigt den Kommandanten als „Verliebten", der seine Tochter als „Mädchen seiner ersten Liebe" betrachtet und „lange, heiße, lechzende Küsse auf ihren Mund drückte" (S. 42).

Übersicht 2: Die Frauengestalten

Die gesellschaftlichen Rahmenbedingungen

Sie sind **patriarchalisch** bestimmt.

- Gleich zu Beginn der Erzählung wird die **Marquise** durch **männliche Rollenzuweisungen** charakterisiert: Sie ist **Gattin** und **Tochter**,
- **fügt sich** nach dem Tode ihres ersten Mannes den **Wünschen ihres Vaters** und **unterliegt** auch im weiteren Verlauf der Erzählung **seiner Übermacht** (etwa, wenn er über ihren Kopf hinweg die Zweckheirat mit dem Grafen regelt).
- **Ebenso unterwirft** sich die **Mutter** der **Dominanz des Kommandanten**. Sie nimmt die Ächtung der Tochter hin, obwohl sie darüber mit ihrem Mann in Streit geraten ist, hält sich zunächst auch an seine Anweisung, die Tochter auf dem Landgut nicht zu besuchen.

Versuche der Befreiung

Nur vorübergehend gelingt es beiden Frauen, sich aus der Enge der patriarchalischen Gesellschaft zu befreien.

- Die **Marquise** widersetzt sich dem Befehl des Vaters, ihre Kinder zurückzulassen und **schöpft** so **Selbstvertrauen** und den **Mut**, sich in ihrem **eigenen Leben** einzurichten,
- die **Mutter handelt gegen** den **Willen des Kommandanten**, als sie ihre Tochter auf dem Landgut besucht, und steht ihr schließlich bei.

Das Scheitern weiblicher Selbstbestimmung

Im Fortgang der Handlung zeigt sich dann aber, dass die **Versuche weiblicher Selbstbestimmung zum Scheitern verurteilt** sind. Das gilt in besonderem Maße für die **Marquise**.

- Da sie fürchtet, ihrem Kind könnte ein gesellschaftlicher Makel anhaften, wenn der Vater nicht bekannt ist, entschließt sie sich, die Zeitungsannonce aufzugeben, und **verzichtet** so **auf** ihre gerade erst errungene **Unabhängigkeit**.
- Als der Graf seine Aufgaben als gesetzliches Familienoberhaupt wahrzunehmen bereit ist, gerät die Marquise am Ende der Erzählung erneut in **Abhängigkeit vom Mann**, der nicht zuletzt die **Kontrolle** über die **rechtlichen** und **wirtschaftlichen Grundlagen** ihrer Existenz (Festlegung der Erbfolge, Geldgeschenk für das Kind) ausübt.

Übersicht 3: Die Doppelnatur des Grafen

Die Figuren in der „Marquise" sind **nicht nur** rational handelnde, selbstbeherrschte **Vernunftwesen**, sondern ebenso **durch** ihre **Gefühle** und ihre **Triebnatur bestimmt**. Das lässt sich nicht zuletzt für den Grafen zeigen.

- Der **Graf** ist zunächst **höflich, beherrscht** und **zivilisiert**. So spricht er die Marquise auf Französisch an und bietet ihr seinen Arm zum Geleit (S. 5).

- Darin **unterscheidet** er **sich von** den **derben** und **gewalttätigen Soldaten**, die die Marquise angreifen. Der Gegensatz zwischen seinem höflichen Auftreten und und den „abscheulichen Gebärden" (S. 4) der Soldaten ist so groß, dass die Marquise den Grafen beim ersten Anblick mit einem **„Engel des Himmels"** (S. 5) vergeicht.

Der Eindruck täuscht allerdings.

- Denn **keineswegs** ist der Graf **das schlichte Gegenbild zu** den **Soldaten**, vor deren „schändlichsten Misshandlungen" (S. 4) er die Marquise rettet. Vielmehr steht er ihnen, was **ungezügeltes** und **triebhaft gesteuertes Verhalten** angeht, in nichts nach, wenn er die Marquise schließlich **vergewaltigt**.

- Auch bei ihrem **Zusammentreffen** auf dem **Landgut** der Marquise lässt er sich eher von seinen **Gefühlen** leiten. Das Treffen ist in Analogie zur ersten Begegnung gestaltet: Das **unerlaubte** und **heimliche Eindringen** in das Landgut kann **analog** zum **unerlaubten** und **heimlichen sexuellen Umgang** mit der Marquise gesehen werden.

- Ebenso drängen sich während dieser Begegnung in die höflichen Umgangsformen des Grafen immer wieder **aufdringliche körperliche Annäherungsversuche**.

Übersicht 4: Das widersprüchliche Verhalten der Marquise

- Die Marquise begegnet dem Grafen und seinen Anträgen zurückhaltend und konventionell beherrscht, doch **zeigt** ihr **Verhalten** zugleich, wie sehr der **Graf** sie **beeindruckt**: Sie errötet und sein Auftreten stürzt sie in Verwirrung: „er gefällt mir und missfällt mir" (S. 18).
- Im Landhaus **wehrt** sie seine **erotischen Annäherungsversuche** zunächst **nicht ab**, im Gegenteil, sie scheinen ihr zu gefallen: „Der Graf F ...! sagte die Marquise [...] und die Röte der Überraschung überflog ihr Gesicht" und sie „rührte noch kein Glied in seinen Armen" (S. 31).

Vor allem die **Körpersprache der Marquise** offenbart ein **unbewusstes Begehren**, das ihr den Grafen überaus anziehend erscheinen lässt. Allerdings weigert sie sich, ihr **erotisches Verlangen** zu akzeptieren. Vielmehr **bekämpft** und **verdrängt** sie es.
- Das zeigt besonders deutlich ihre **brüske Zurückweisung** des Grafen nach seinem Schuldbekenntnis, die beinahe komische Züge hat (vgl. S. 41).
- Auch stimmt sie dem ersten Eheantrag nur unter der Bedingung einer **Zweckehe** zu, die eine **körperliche Beziehung** zwischen den Eheleuten **ausschließt**.

Erst am Schluss der Erzählung scheint sich die Marquise zu wandeln. Mit der zweiten Heirat akzeptiert sie eine **körperlich vollzogenen Ehe**, so kann jedenfalls der Hinweis des Erzählers auf künftige Kinder verstanden werden.

Verhalten der Marquise

Die **Geschichte** der **Marquise** könnte darum als ein **Entwicklungs- und Ernüchterungs-**, ja **Menschwerdungsprozess** der Hauptfigur gelesen werden.

Übersicht 5: Die „Marquise" als Novelle

Merkmale der Novelle	„Marquise"
• Novelle; ital. *novella*, lat. *novus*, • handelt von einem **neuen Ereignis**, das im Gegensatz zum Märchen **real** oder **wenigstens wahrscheinlich** und **vorstellbar** ist. • Goethe nennt es „eine sich ereignete unerhörte Begebenheit".	Die **Vergewaltigung der Marquise** stellt solch ein Ereignis dar, ebenso ihre ungewöhnliche Suche nach dem Vater des Kindes mittels einer **Zeitungsannonce.**
• **Epische Kurzform,** • entfaltet einen **zentralen Konflikt**, ist meist nur **auf einen Handlungsstrang** konzentriert, • hat aufgrund ihres strengen Aufbaus Gemeinsamkeiten mit dem klassischen Drama.	Im Mittelpunkt der Erzählung steht der **Konflikt der Marquise**, ihre **Bewusstseins- und Identitätskrise**, der in der Handlung dargestellt, **weiterentwickelt** und bis zur **Lösung** durchgeführt wird.
• Charakteristisch: Vorausdeutungen durch **Leitmotive** oder **Dingsymbole** (vgl. Heyses sog. „Falkentheorie").	Vor allem das **Gegensatzpaar Engel/ Teufel** durchzieht **leitmotivisch** die gesamte Erzählung: Der Graf erscheint der Marquise am Anfang wie ein „Engel des Himmels" (S. 5). In der Beichtszene sieht sie ihn dagegen als „Teufel" (S. 40). In ihrem Schlusswort bringt sie beide Eindrücke in einen Zusammenhang: Der Graf „würde ihr damals nicht wie ein Teufel erschienen sein, wenn er ihr nicht, bei seiner ersten Erscheinung, wie ein Engel vorgekommen wäre" (S. 47).

Übersicht 6: Formen der Gewalt

Gewalt oder Gewalttätigkeiten erfahren in Kleist Novelle „Das Erdbeben in Chili" vor allem Josephe und Jeronimo, die wegen ihres Liebesverhältnisses bestraft werden.

Gewalt als repressive soziale Struktur

- wird ausgeübt durch die **klassenbewussten männlichen Repräsentanten** der **Familie,** durch den „alten Don" und dessen väterliche Autorität, und seinen Sohn,
- durch die **gesellschaftliche Hierarchie** des Königreichs Chili und dessen **kirchliche** und **staatliche Organe** (Befehl des Erzbischofs, Machtspruch des Vizekönigs),
- wird von der **allgemeinen Meinung gestützt:** Die Verurteilung der beiden Liebenden entspricht dem Rechtsbedürfnis der Gesellschaft, die darauf bedacht ist, dass die Konventionen eingehalten werden.

**Formen der Gewalt in
„Das Erdbeben in Chili"**

Gewalt als Teil der Triebnatur des Menschen

- Öffentliche **Hinrichtung** befriedigt **allgemeines Verlangen,**
- **Lustgewinn** wäre beim Feuertod noch größer gewesen, darum entrüsten sich vor allem die „Matronen und Jungfrauen" über die Abwandlung der Strafe,
- nach dem Erdbeben leben die Menschen ihre **Gewalttätigkeit** im Handeln und **unter** dem **Schutz des Kollektivs** unmittelbar aus,
- die fanatische Menge im Dom und auf dem Kirchplatz verfällt **ohne jede Menschlichkeit** in mörderische Raserei.

Die **Naturgewalt** des Erdbebens bildet eine **Analogie zum** zerstörerischen **Aggressionstrieb des Menschen.**

Umgekehrt stellt der **Gewaltausbruch der Menschen** eine **Analogie zur Eruption des Erdbebens** und ihren Folgen dar.

Übersicht 7: Ambivalente Deutung des Erdbebens und der Zufall

Ambivalente Deutung des Erdbebens

- **Josephe** und **Jeronimo** glauben, das Erdbeben, das sie gerettet hat, sei eine **göttliche Fügung** gewesen.
  - Als beide im Tal abseits der Stadt wieder zusammenfinden, sind sie vollends überzeugt, dass sie „ein **Wunder des Himmels** gerettet" hat (S. 53).
    - Ebenso deutet der **Dominikanerpater** das Erdbeben als **göttliches Eingreifen** in das Weltgeschehen. Allerdings sieht er darin eine **Strafe Gottes**, die sich insbesondere gegen Josephe und Jeronimo richtet.

Diese Auslegungen erweisen sich als **subjektive Interpretationen** der **Figuren**, die durch den Handlungsverlauf nicht bestätigt werden. Er deutet darauf hin, dass vor allem das Schicksal der beiden Protagonisten **nicht** durch ein **ordnendes, göttliches Wirken, sondern** allererst durch **Zufälle** gelenkt wird.

Die Bedeutung des Zufalls

- Josephe und Jeronimo treffen sich im Klostergarten „durch einen glücklichen Zufall" wieder (S. 49),
- den Strick, mit dem sich Jeronimo im Gefängnis erhängen will, hat ihm der „Zufall gelassen" (S. 50),
- Jeronimo wird gerettet, weil das Gefängnisgebäude nur „durch eine zufällige Wölbung" (S. 51) nicht einstürzt,
- die zufällige Widerspenstigkeit von Don Fernandos Sohn und seine ebenso zufällige Rückwendung zum Vater im falschen Moment führen schließlich in die tödliche Katastrophe.

Übersicht 8: Die Utopie der Menschheitsfamilie

Kleist entfaltet an dieser Stelle seiner Erzählung die **Utopie** einer toleranten und humanen **Menschheitsfamilie**, die er im weiteren Verlauf der Handlung allerdings als eine **gefährliche Illusion** bloßstellt.

In der Stadt

- herrschen die **familiären** und **patriarchalischen Konventionen** (vgl. Vater und Bruder von Josephe),
- die **Amtsgewalt** der **staatlichen** und **kirchlichen** Organe.
- Sie **dominieren** die **privaten** und **natürlichen Ansprüche** von Josephe und Jeronimo,
- **verhindern gewaltsam** den Versuch der Liebenden, ein **Leben aus eigenem Recht** zu führen.

Im Tal

- sind **materielle** und **soziale Unterschiede aufgehoben**. Stattdessen sind die Menschen durch **Liebe** und **Fürsorge** miteinander verbunden.
- Das Erdbeben scheint die neue Ordnung einer **zwang- und gewaltlosen Menschheitsfamilie** gestiftet zu haben, in der auch Josephe und Jeronimo herzlich aufgenommen werden.

Wieder in der Stadt

- müssen die Liebenden aber erfahren, dass auch nach dem Erdbeben nicht die moralischen Kräfte der Menschen dominieren.
- Vielmehr sind Josephe und Jeronimo den immer noch geltenden **alten gesellschaftlichen Machtansprüchen**, z. B. dem Autoritätsanspruch der Kirche, unterworfen,
- fallen sie schließlich der **grausamen** und **zerstörerischen Triebnatur** der Menschen zum Opfer, die sich im Massaker auf dem Kirchplatz aggressiver als zuvor Bahn bricht.

⑤ Prüfungsaufgaben und Lösungen

1. Textvergleich der Erzählanfänge von Kleists „Die Marquise von O…" und „Das Erdbeben in Chili"

2. Formen und Funktionen der Ausbildung familiärer Gemeinschaft im Spannungsfeld innerer und äußerer Konflikte in Heinrich von Kleists „Die Marquise von O…"

3. Triebnatur und Affektkontrolle: Kleists „Marquise" als Prototyp der Herrschaftnahme über den menschlichen Gefühlshaushalt

4. Gott als Retter oder Rächer? – Zur Subjektivität religiöser Deutungsmuster in Kleists „Das Erdbeben in Chili"

5. Vergleichende Analyse von Johann Peter Hebels Erzählung „Unverhofftes Wiedersehen" mit Heinrich von Kleists „Das Erdbeben in Chili"

1. Textvergleich der Erzählanfänge von Kleists „Die Marquise von O…" und „Das Erdbeben in Chili"

Textgrundlagen

Text 1: „Die Marquise von O…" S. 3, Z. 3 – S. 5, Z. 8.
Text 2: „Das Erdebeben in Chili" S. 49, Z. 1 – S. 51, Z. 11.

Aufgabenstellung

Analysieren Sie vergleichend die Erzählanfänge im Hinblick auf inhaltliche, strukturelle und thematische Übereinstimmungen.

Lösungsvorschlag: Inhalt und Aufbau

„Die Marquise von O…"	„Das Erdbeben in Chili"
Ausgangspunkt: Die schwangere Witwe Marquise von O… veröffentlicht eine Anzeige zur Ermittlung des Vaters ihres Kindes.	Ausgangspunkt (erzählte Gegenwart): Historischer Kontext: Erdbeben im Jahre 1647 in Chili Fokussierung der Geschichte auf das Schicksal des Hauslehrers Jeronimo Rugera
Rückblick: 1. Knappe Informationen zur familiären Herkunft und Lebensgeschichte der Protagonistin sowie zum Ausbruch eines Krieges durch den Einmarsch russischer Truppen 2. Dramatische Schilderung der Bewahrung der Marquise vor einer Vergewaltigung durch die heldenhafte Intervention eines feindlichen Offiziers	Rückblick (erzählte Vergangenheit): Die verbotene, da unstandesgemäße Liebesbeziehung des Hauslehrers mit seiner Schülerin Donna Josephe, der Tochter eines reichen Adligen, veranlasst die kirchlichen und weltlichen Instanzen (Erzbischof, Vizekönig) mit dem Bekanntwerden einer Schwangerschaft zu extremen juristischen Maßnahmen: Jeronimo wird in Gefangenschaft genommen, Josephe soll öffentlich hingerichtet werden. Dramatische Zuspitzung und Rückbezug zur erzählten Gegenwart: die durch das Erdbeben verursachten Zerstörungen befreien Jeronimo aus dem Gefängnis.

Lösungsvorschlag: Gemeinsamkeiten Text 1 und Text 2

Einleitungssatz

Übereinstimmender Aufbau des Erzählbeginns durch Verbindung von Allgemeinem (Ort der Handlung) und Besonderem (aktuelle und konkrete Handlung einer Einzelperson):

- Text 1: „In M..., einer bedeutenden Stadt im oberen Italien, ließ die verwitwete Marquise von O... [...] durch die Zeitungen bekannt machen [...]."
- Text 2: „In St. Jago, der Hauptstadt des Königreichs Chili, stand [...] ein junger, auf ein Verbrechen angeklagter Spanier, namens Jeronimo Rugera [...], an einem Pfeiler des Gefängnisses [...]."

Räumliche und zeitliche Einordnung der Rahmenhandlungen (Krieg/Erdbeben) durch

- geographische Lokalisierung: „Stadt im oberen Italien" / „St. Jago [...] Hauptstadt des Königreichs Chili"
- historische Situierung: „Krieg [...] mit den Truppen fast aller Mächte und auch mit russischen" / „Erderschütterung vom Jahre 1647"

Lösungsvorschlag: Struktur

Dreigliedrigkeit: doppelte Katastrophe und vorläufige Rettung der Helden
„Die Marquise von O ..."
„Das Erdbeben in Chili"

1. privates Unglück
- Tod des Ehemannes: „Sie hatte, vor ungefähr drei Jahren, ihren Gemahl, den Marquis von O..., dem sie auf das innigste und zärtlichste zugetan war, auf einer Reise verloren [...]."
- Verrat einer verbotenen Liebe – Internierung der Geliebten in einem Kloster – Ahndung von Schwangerschaft der jungen Frau und Geburt eines Kindes durch Todesurteil – Selbstmordabsichten des inhaftierten Kindsvaters am Tag der beabsichtigten Hinrichtung seiner Geliebten

2. kollektive Katastrophe
- Krieg: Einmarsch russischer Truppen in Italien – Beschuss und Besetzung des Aufenthaltsortes der Marquise durch die Feinde
- Naturkatastrophe: Zerstörung der Stadt durch ein Erdbeben

3. individuelle Rettung
- Bewahrung der Protagonistin vor Vergewaltigungsversuchen feindlicher Soldaten durch einen russischen Offizier
- Befreiung des Protagonisten aus dem Gefängnis durch Gebäudeeinsturz

Lösungsvorschlag: Inhaltliche Deutungsaspekte

Der Rückblick zeigt den Menschen am Anfang in einer idyllischen Situation:
„Die Marquise von O ...“
„Das Erdbeben in Chili“

- Nach dem Tod ihres Mannes zieht sich die Heldin mit ihren beiden Kindern in die „größte[ ] Eingezogenheit“ in das Kommandantenhaus ihres Vaters zurück, um sich dort um die Erziehung ihrer Kinder und um die Pflege ihrer Eltern zu kümmern.
- Nach der erzwungenen Isolierung seiner Geliebten in einem Kloster gelingt dem Protagonisten eine erneute Kontaktaufnahme, so dass er „in einer verschwiegenen Nacht den Klostergarten zum Schauplatze seines vollen Glückes“ machen kann.

Mit einer unvermuteten Katastrophe dringen das Böse und Fremde in die vordergründig intakte Privatsphäre des Glücksvertrauens ein.
In der Zerstörung

- einer individuell-harmonischen Existenz der ästhetischen Beschäftigung mit Kunst und Lektüre innerhalb einer Familie („Marquise“)
- einer partnerschaftlich-erotischen Beziehung in der paradiesischen Natur eines nächtlichen Klostergartens („Erdbeben“)

erweist sich die Brüchigkeit von Kultur und Natur in der Gefährdung durch barbarische Gewalttätigkeiten des Menschen und durch monströse Naturgewalten.
Die Helden geraten in eine Situation vermeintlich totaler Ausweglosigkeit, die durch eine atemlose Syntax der dramatischen Nebeneinanderstellung von Einzelinformationen verschärft wird:
„Die Marquise von O ...“
„Das Erdbeben in Chili“

- „eine Granate [...] vollendete die gänzliche Verwirrung“
- „Man vermietete die Straßen, durch welche der Hinrichtungszug gehen sollte [...].“
- „Die Marquise kam, mit ihren beiden Kindern, auf den Vorplatz des Schlosses, wo die Schüsse schon, im heftigsten Kampf, durch die Nacht blitzten, und sie, besinnungslos, wohin sie sich wenden solle, wieder in das brennende Gebäude zurückjagten.“
- „Jeronimo, der inzwischen auch in ein Gefängnis gesetzt worden war, wollte die Besinnung verlieren [...].“
- „Vergebens rief die Marquise, von der entsetzlichen, sich untereinander selbst bekämpfenden Rotte bald hier-, bald dorthin gezerrt [...] zu Hilfe.“
- „Vergebens sann er auf Rettung: überall [...] stieß er auf Riegel und Mauern, und ein Versuch, die Gitterfenster zu durchpfeilen, zog ihm [...] eine nur noch engere Einsperrung zu.“

Erfassung der Themenschwerpunkte

Ebenso unvermutet wie die Katastrophe erfolgt in beiden Texten die Befreiung der Protagonisten aus einer ausweglosen Situation der persönlichen Gefährdung. Sowohl in „Die Marquise von O …" als auch in „Das Erdbeben in Chili" stimmt der Erzähler den Leser auf das Kleist'sche Leitmotiv des **Zufalls** ein. Nach dem Zeitalter der Aufklärung hebt der Autor die beherrschende Gewalt **irrationaler Kräfte** in einer Welt hervor, die sich damit der rationalen Deutung entzieht. Bestimmend wirken dabei die dunklen **Triebkräfte des Menschen**:

„Die Marquise von O…"

„Das Erdbeben in Chili"

- „Der Obrist […] antwortete mit Kugeln und Granaten. Der Feind seinerseits bombardierte die Zitadelle."
- „Man schleppte sie in den hinteren Schlosshof, wo sie eben, unter den schändlichsten Misshandlungen, zu Boden sinken wollte […]."
- „Eine geheime Bestellung, die dem alten Don […] durch die hämische Aufmerksamkeit seines stolzen Sohnes verraten worden war, entrüstete ihn dergestalt, dass er sie in dem Karmeliterkloster […] unterbrachte."
- „Alles, was geschehen konnte, war, dass der Feuertod […], zur großen Entrüstung der Jungfrauen von St. Jago […] in eine Enthauptung verwandelt ward."

Im Zentrum der Erzählungen – auch dies zeigen beide Texte übereinstimmend – stehen **zwischenmenschliche Beziehungen** und ganz besonders die **(sexuelle) Beziehung zwischen Mann und Frau**. Auslöser der Konflikthandlung ist in beiden Erzählungen die Geburt eines Kindes außerhalb der gesellschaftlichen Konventionen des 18. Jahrhunderts:

- Die unverheiratete Mutter Marquise von O… sucht nach dem Vater ihres Kindes.
- Die unstandesgemäße Liebesbeziehung zwischen einem Hauslehrer und einer jungen Adligen führt zur skandalösen Geburt eines Kindes an einem gottgeweihten Ort („auf den Stufen der Kathedrale").

2. Formen und Funktionen der Ausbildung familiärer Gemeinschaft im Spannungsfeld innerer und äußerer Konflikte in Heinrich von Kleists „Die Marquise von O…"

Textgrundlage
„Die Marquise von O…" S. 59, Z. 4 – S. 63, Z. 9.

Aufgaben- und Fragestellungen

1. Analysieren Sie den vorliegenden Textausschnitt unter besonderer Berücksichtigung der Darstellung der innerfamiliären Handlungsmuster.
2. Stellen Sie in einer abschließenden Deutung dar, in welcher Weise die Familiengemeinschaft den Konflikt der Tochter bewältigt.

Lösungsvorschlag zu 1: Analyse

Von der Belagerung zur (Selbst-)Befreiung – Zur Darstellung der familiären Problemsituation und ihrer Lösung

Analog zur früheren feindlichen Übernahme der von dem Vater der Marquise von O… befehligten Zitadelle einer oberitalienischen Stadt durch russische Soldaten ‚besetzt' der russische Offizier Graf F… nun als Privatmann das Domizil der von ihm geschwängerten Marquise von O…, um seine persönliche Schuld einer Vergewaltigung in einem offensiven Akt der Überwältigung und Eroberung durch eine rasche eheliche Verbindung rückgängig zu machen. Damit befindet sich die Familie in einem erneuten Belagerungszustand: sie ist nun gezwungen, angesichts der Schwangerschaft der unverheirateten Tochter Strategien zur Bewältigung des sowohl innerfamiliären als auch öffentlich-gesellschaftlichen Konflikts zu entwickeln.

Die endliche Einwilligung des Grafen in seine Abreise und in die pflichtgemäße Erledigung seiner Dienstaufträge gründet auf der Annahme, dass die Marquise seinem Heiratsantrag entsprechen werde. Von dieser Möglichkeit hatte er noch nicht ausgehen können, als ihm die Mutter der Marquise zu Beginn seines Besuchs mit den Worten „gehn Sie, gehn Sie, Herr Graf; reisen Sie nach Neapel; schenken Sie uns, wenn Sie wiederkehren, auf einige Zeit das Glück Ihrer Gegenwart; so wird sich das Übrige finden" (S. 12, Z. 27–30) eine Problemlösung in Aussicht gestellt hatte.

Der Graf ignoriert diesmal die offenkundige Absicht der Familie, ihn mit einer „unschädlichen Erklärung […] aus dem Hause zu schaffen" (S. 19, Z. 36–37). Er übersieht und überhört vorsätzlich Signale, die darauf hindeuten, dass die Marquise noch nicht gänzlich in der von ihm erwarteten Weise zu einer

Ehe bereit ist. Vielmehr verflüchtigen sich entsprechende Hinweise („Die Marquise, obschon von diesem Auftritt bewegt, sagte doch: ich fürchte nicht, Herr Graf, dass Ihre rasche Hoffnung Sie zu weit – ") im Überschwang positiver Gefühle („mit Schritten, die die Freude beflügelte"), optimistischer Erwartungen („doch er, indem er aufstand, versetzte, er wisse genug!") und Bekundungen der Verbundenheit („umarmte der Kommandant ihn auf das herzlichste").

Der Erzähler vermittelt ein groteskes Bild der allgemeinen Bewusstseinstrübung und Verdrängung der Wirklichkeit durch ein Übermaß an Affektivität, das jeden Ansatz zur Rationalisierung der Ereignisse im Ansatz erstickt:

> „Nichts! Nichts! Nichts! versetzte der Graf; es ist nichts geschehen, wenn die Erkundigungen, die Sie über mich einziehen mögen, dem Gefühl widersprechen, das mich zu Ihnen in dies Zimmer zurückberief. Hierauf umarmte der Kommandant ihn auf das herzlichste, der Forstmeister bot ihm sogleich seinen eigenen Reisewagen an, ein Jäger flog auf die Post, Kurierpferde auf Prämien zu bestellen, und Freude war bei dieser Abreise, wie noch niemals bei einem Empfang."
> (S. 19, Z. 19–26)

Der Schlusssatz des Textabschnitts zeigt, dass dem Verschwinden und der Abwesenheit des Grafen ein klarer Vorzug gegenüber seiner Anwesenheit beigemessen wird, obwohl mit der fortschreitenden Schwangerschaft der Marquise das innerfamiliäre Problem der Ehelosigkeit ungelöst bleibt.

Von der Desorganisation zur Neuorganisation der Dinge – Formen der Gesprächsführung

Der Gefühlswandel von der „lebhaftesten Unruhe" (S. 16, Z. 3) bis zur übermäßigen „Freude" (S. 19, Z. 25) vollzieht sich im Spannungsbogen eines innerfamiliären Gesprächs, das nach außen hin den Anschein einer Logik der Vernunft erweckt, tatsächlich jedoch bei fortwährender Tabuisierung des Unausgesprochenen (Vergewaltigung, Schwangerschaft, Ehrverlust einer alleinerziehenden Mutter und ungewollt Schwangeren) einer Logik des Gefühls folgt. Dabei erwirken Vater, Mutter und Bruder durch das Zusammenspiel jeweils eigener Strategien der Gesprächsführung, dass die Marquise sich den Wunsch der Familie nach einer Wiederverheiratung zu eigen macht, auf diese Weise ihr eigenes sexuelles ‚Vergehen' auslöscht und durch eine Hochzeit mit dem Grafen die familiäre und soziale Ordnung wiederherstellt.

Die folgenden Beispiele machen deutlich, in welcher Weise die Familienmitglieder kooperieren, um das gemeinsame Ziel einer Reintegration der Tochter bzw. Schwester in die Gesellschaft zu erreichen:

- Der Vater erklärt sich für unzuständig und erteilt der Familie Redeverbot. Auf den Vorwurf seiner Tochter hin, dass er kraft seiner väterlichen und beruflichen Autorität die sofortige Abreise des Grafen hätte veranlassen können, reagiert er mit Hinweisen auf seine eigene Machtlosigkeit und meint schließlich, „man müsse der Sache ihren Lauf lassen." (S. 17, Z. 22) Im Zentrum seiner Betrachtungen stehen – wie schon zuvor (vgl. S. 13) – wieder einmal die möglichen beruflichen und militärrechtlichen Konsequenzen der Befehlsverweigerung, welcher sich der Graf im Falle einer Verlängerung des Aufenthaltes bei der Familie der Marquise von O... schuldig machen würde.

- Erst als seine Ehefrau und sein Sohn eine mögliche Wiederverheiratung der Tochter durch eine Vermählung mit dem Grafen erwirkt haben, gibt er als Vater in der ihm gebührenden Funktion als letzter Instanz sein Einverständnis: „Nun so macht! macht! macht! rief der Vater, indem er sich umkehrte: ich muss mich diesem Russen schon zum zweiten Mal ergeben!" (S. 19, Z. 1–3)

  Obwohl die Schwangerschaft seiner Schwester nach der mehrmonatigen Abwesenheit des Grafen unübersehbar sein muss, fragt der Bruder/Forstmeister „nach den Ursachen einer so auf Kurierpferden gehenden Bewerbung." (S. 16, Z. 8–9) Auf den erneuten Hinweis der Marquise hin, dass sie sich nicht ein zweites Mal verheiraten wolle, konstruiert er eine paradoxe Argumentation, die lediglich eine rhetorische Figur darstellt und in der diffusen Formulierung keinen Beitrag zur Problemlösung bietet: „Der Forstmeister bemerkte, dass wenn dies ihr fester Wille wäre, auch diese Erklärung ihm Nutzen schaffen könne, und dass es fast notwendig scheine, ihm irgend eine bestimmte zu geben." (S. 17, Z. 31–34)

  Dass es sich hierbei um Formen verbaler Ablenkungsmanöver handelt, wird erkennbar, als er seine Schwester in Bezug auf den Grafen unvermittelt fragt, „wie er ihr denn [...] gefalle" (S. 18, Z. 2–3). Schließlich drängt er auf eine rasche Entscheidung, um zu verhindern, dass der Graf durch ein dienstwidriges Verhalten sein Ansehen und Einkommen als Offizier verliert.

- Die Mutter, die, wie der Erzähler wissen lässt, „eine zweite Vermählung ihrer Tochter immer gewünscht hatte" (S. 18, Z. 13–14), ist die einzige Beteiligte, die durch gezielte Gesprächsimpulse den Grafen zu Mitteilungen über seine verborgenen Gefühle (vgl. Traum) und zu einem ausdrücklichen Liebesgeständnis veranlasst. Ihrer Tochter verhilft sie zu einer positiven Entscheidung, indem sie Fragen nach der inneren Einstellung in der grammatischen Form eines geradezu grotesk gesteigerten Irrealis stellt, um den Wirklichkeitsschock abzumildern: „Die Obristin sagte: wenn er von Neapel zurückkehrt, und die Erkundigungen, die wir inzwischen über ihn einziehen könnten, dem Gesamteindruck, den du von ihm empfangen hast, nicht widersprächen: wie würdest du dich, falls er alsdann seinen Antrag wiederholte, erklären?" (S. 17, Z. 5–9)

Lösungsvorschlag zu 2: Interpretation

Die Handlungsfähigkeit der Familie ergibt sich aus den affektiven und ökonomischen Bindungen ihrer Mitglieder. In Kleists Erzählung „Die Marquise von O…" bewährt sich die Familie trotz innerer Defizite als soziale Einheit, indem sie eine doppelte Aufgabe bewältigt:

1. Sie trägt dafür Sorge, dass die Tochter als alleinerziehende Witwe und als Mutter eines unehelichen Kindes durch eine Wiederverheiratung finanziell versorgt und gesellschaftlich anerkannt bleibt.
2. Sie muss verhindern, dass der Graf durch den Verbleib im Haus der Marquise seine berufliche Zukunft verspielt und damit nicht mehr als Versorger fungieren kann.

Die Marquise selbst ist zu einer eigenständigen und freien Entscheidung nicht mehr fähig. Sie verharrt zunächst in einer negativen Grundhaltung der bloßen Abwehr. Sie scheint „das Gespräch zu vermeiden" (S. 16, Z. 15–16), macht den Vater für seine geringe Durchsetzungsfähigkeit gegenüber dem Grafen verantwortlich, bleibt innerlich zerrissen („er gefällt und missfällt mir") und beruft sich „auf das Gefühl der anderen" (S. 18, Z. 3–4), bevor sie angesichts der Option, die ihre Mutter und ihr Bruder für sie entwickeln, in eine mögliche Haltungsänderung einwilligt.

Die Analyse der Verhaltens- und Gesprächsmuster der Familienmitglieder zeigt, dass bei dem Entscheidungsprozess die traditionellen Rollenzuweisungen nach außen hin aufrecht erhalten, nach innen hin jedoch unterlaufen werden. Der Schwäche und Passivität des Ehemannes und Vaters begegnen Mutter und Sohn mit Initiativen, welche die letztinstanzliche Autorität des Vaters zwar unberührt lassen, zugleich jedoch auch ohne seine Intervention eine vorläufige, wenn auch noch unverbindliche Lösung schaffen.

Bei der Abreise des Grafen tritt die Familie nicht mehr in der Vereinzelung ihrer Rollenträger (Vater, Mutter, Sohn, Tochter), sondern als chorische Gemeinschaft auf: „Vermählen! riefen alle Mitglieder der Familie aus." (S. 20, Z. 3) Zudem bildet sie eine Gefühlsgemeinschaft, wenn sie ihre Interessen bedroht sieht: („Die Familie wollte auf ihn böse werden […]." (S. 20, Z. 6–7) An dem zitierten Beispiel ist bemerkenswert, dass der Graf die Verärgerung der Familie allein dadurch hervorruft, dass er den unausgesprochenen Beschluss der Familie zu einer Verheiratung der Marquise schon jetzt für die Wirklichkeit nimmt und ihn beim Namen nennt.

3. Triebnatur und Affektkontrolle: Kleists „Marquise" als Prototyp der Herrschaftnahme über den menschlichen Gefühlshaushalt

Textgrundlage
„Die Marquise von O…" S. 47, Z. 17 – S. 49, Z. 7.

Aufgaben- und Fragestellungen

1. Fassen Sie den Inhalt des Schlussteils von Kleists „Die Marquise von O…" zusammen, indem Sie zugleich die vorausgegangene Entwicklung des Verhältnisses der Heldin zu dem Grafen F… bis zur ersten kirchlichen Eheschließung knapp skizzieren.
2. Analysieren Sie die möglichen Gründe für den Gesinnungswandel der Protagonistin, deren ursprünglicher Hass auf den russischen Offizier und Vater ihres Kindes sich am Ende in Liebe verwandelt.
3. Deuten Sie auf der Basis Ihrer Analyse den Schlusssatz der Erzählung.

Lösungsvorschlag zu 1:

- Als russischer Offizier rettet Graf F… beim Angriff seiner Truppen auf eine Zitadelle die Tochter des dortigen Kommandanten vor einer Vergewaltigung durch russische Soldaten und bringt sie in einem Palastgebäude in Sicherheit, bevor er selbst wieder an den Kampfhandlungen gegen die Verteidiger der Zitadelle teilnimmt.
- Entgegen der Nachricht, dass er tödlich verwundet worden sei, hat der feindliche Offizier seine Verletzungen überlebt und macht der von ihm geretteten Marquise einen Heiratsantrag. Die Intensität, mit der er ihn vorträgt, lässt die Eltern nach ursprünglicher Ablehnung zustimmen, jedoch mit der Auflage einer angemessenen Wartezeit.

  Inzwischen mehren sich die Indizien, dass die Schwangerschaft der Marquise in einem ursächlichen Zusammenhang mit ihrer Befreiung durch den russischen Offizier während der Kriegsereignisse steht und der Brautwerber der Vater des Kindes ist.
- Als der Graf erfährt, dass die nahende Geburt eines unehelichen Kindes dazu geführt hat, dass die Marquise wegen der gesellschaftlichen Schande, die sie über die Familie gebracht hat, von ihrem Vater verstoßen wurde, sucht er die werdende Mutter im Garten ihres neuen Domizils auf. Nach ersten Zeichen der wechselseitigen Annäherung befiehlt sie ihm in heftiger Weise, sich zu entfernen.
- In einer Zeitungsanzeige hat sie inzwischen den Vater des Kindes aufgefordert, seine Identität zu offenbaren. Als sich daraufhin der Graf F… ihrer

Mutter gegenüber als Vater des Kindes zu erkennen gibt, arrangiert diese ein Treffen des Mannes mit der vermeintlich ahnungslosen Tochter, die beim Anblick des Grafen F... abwehrend und zutiefst verzweifelt reagiert, bevor sie zusammenbricht.

Der Schlussteil der Erzählung zeigt die Marquise in einem Zustand äußerster Ablehnung einer Heirat mit dem Grafen F..., bevor sie schließlich in einen Ehevertrag einwilligt, der das Verhältnis zwischen den Ehepartnern dahingehend regelt, dass sie getrennt voneinander leben. In der Folgezeit verändert die junge Frau ihre Einstellung zu dem ursprünglich verhassten Mann so weit, dass beide nach einer erneuten Hochzeit am Ende schließlich doch eine glückliche Ehe führen.

Lösungsvorschlag zu 2:

- Der Schlussteil erzählt von einem radikalen und vordergründig unerklärlichen Gesinnungswandel der Protagonistin: Am Anfang zeigt sie eine unbedingte Verweigerungshaltung, am Ende eine bedingungslose Hingabe an den Mann.
- Die Verwandlung von Hass in Liebe erklärt sich vordergründig
  - aus der formaljuristischen Lösung des Problems durch eine Vertragsregelung im beiderseitigen Einvernehmen;
  - aus der räumlichen Distanzierung des Grafen, der sich für längere Zeit aus dem Lebensraum der Marquise entfernt;
  - aus der Bereitschaft des Kindsvaters zu einer uneingeschränkten und umfassenden materiellen und finanziellen Unterstützung der alleinerziehenden Mutter und ihres Sohnes;
  - aus den kontinuierlichen Interventionen der Eltern der Marquise: durch verbale (Appelle, Ermahnungen) und konkrete Aktionen (Einladungen) tragen sie zu einem versöhnlichen Abschluss des Konflikts bei.
- Der Prozess des Umschlags von einer extrem negativen in eine positive Gestaltung des wechselseitigen Verhältnisses deutet sich in kontinuierlichen Formen der Auflösung starrer Handlungsmuster an: An die Stelle von Abwesenheit tritt Anwesenheit, an die Stellen der Verweigerung von Gesprächskontakten tritt das Gespräch.

Lösungsvorschlag zu 3:

Die Maßnahmen der Eltern zur Entschärfung des Konflikts sowie das Verhalten des russischen Offiziers tragen zur Rationalisierung einer Beziehung bei, die am Anfang durch den inneren Zwiespalt der jungen Frau zwischen Faszination und Hysterie gegenüber dem ‚feindlichen' Mann bestimmt ist. Als Befreier aus der triebgesteuerten Gewalt einer Gruppe von Soldaten erschien ihr der Graf „wie ein Engel", während die anschließende sexuelle Begegnung mit ihm das dämonische Bild des Teufels erzeugte.

Indem die Geburt weiterer Kinder im Bild der Nachfolge einer „ganze[n] Reihe von jungen Russen" dargestellt ist, erscheint das Fremde in einer ironischen Brechung domestiziert und verinnerlicht: Es bildet nun keine Gefahr mehr für die Identität und Integrität der Frau, weil das ursprünglich Bedrohliche einer entfesselten Leidenschaft durch vernünftige Entscheidungen der Eltern sowie durch Verzichtleistungen und materielle Zuwendungen des Ehemannes entschärft und den bürgerlichen Normen und Konventionen angepasst worden ist.

4. Gott als Retter oder Rächer? – Zur Subjektivität religiöser Deutungsmuster in Kleists „Das Erdbeben in Chili"

Textgrundlage
„Das Erdbeben in Chili" S. 49, Z. 30 – S. 55, Z. 3.

Aufgabe

Analysieren Sie den Auszug aus Kleists „Das Erdbeben in Chili" unter besonderer Berücksichtigung des Gottesbildes. Beziehen Sie in Ihre Deutung auch vorausgegangene und später folgende Ereignisse mit ein.

Lösungsvorschlag: Analyse

Zusammenfassung des Inhalts

* Glückliche Wende der anfänglich aussichtslosen Situation zweier junger Menschen, deren Beziehung als schwerwiegender Verstoß gegen gesellschaftliche Normen in härtester Weise bestraft wird: Befreiung des Liebespaares Jeronimo und Josephe aus Gefangenschaft und Todesgefahr durch eine Naturkatastrophe in St. Jago

* Konsekutive Darstellung der Einzelschicksale: verzweifelte und zunächst vergebliche, dann jedoch erfolgreiche Suche Jeronimos nach seiner Geliebten, deren Hinrichtung durch das Erdbeben verhindert worden war. Jeweils getrennte Flucht der beiden Protagonisten aus dem Inferno der zerstörten Stadt in eine idyllische Natur, wo die ursprünglich zerrissene Familie wieder vereint ist, nachdem auch das gemeinsame Kind gerettet worden ist.

Strukturmerkmal Bipolarität: Gegensätze und Gegenüberstellungen
Äußerer Kontrast von Tod – Leben

Bilder der „zerstörende[n] Gewalt der Natur" innerhalb der Stadt	außerhalb der Stadt: naturromantische Idee einer paradiesischen Landschaft („Tal von Eden")
kollektives Unglück der vernichteten Stadtbewohner	privates Glück der überlebenden Liebenden
Zerfall der weltlichen (Palast des Vizekönigs, Gerichtshof) und kirchlichen Institutionen (Kloster, Kathedrale) und Tod ihrer Repräsentanten (Äbtissin, Klosterfrauen, Erzbischof)	Rettung des Kindes als illusionäres Indiz für die Fortdauer des Lebens

Innerer Kontrast

Protagonisten im Wechselbad der Gefühle nach der Naturkatastrophe:

- Jeronimo: erwacht aus „der tiefsten Bewusstlosigkeit" – empfindet „unsägliches Wonnegefühl" angesichts der paradiesischen Natur von St. Jago – zeigt „[t]iefe Schwermut" bei der Erinnerung an das Schicksal seiner zum Tode verurteilten Geliebten – er überlässt sich „seinem vollen Schmerz" nach der Nachricht von der angeblichen Enthauptung der Geliebten – schwankt zwischen Hoffnung und Hoffnungslosigkeit bei der Fortsetzung der Suche – ist erfüllt von „Seligkeit", als er Josephe wiederfindet.
- Josephe: kommt nach Momenten des Horrors wieder zur „Besinnung" – empfindet Entsetzen beim Tod der Klosterfrauen – entfernt „den Jammer von ihrer Brust" – will beim Anblick von Jeronimos Gefängnis „besinnungslos in einer Ecke niedersinken" – vergießt „viel Tränen" – ist ‚selig' bei der Wiederbegegnung mit dem Geliebten.

Widersprüchlichkeit des persönlichen Gottesbildes

positiv	negativ
„Er senkte sich so tief, dass seine Stirn den Boden berührte, Gott für seine wunderbare Errettung zu danken […]."	„[…] sein Gebet fing ihn zu reuen an, und fürchterlich schien ihm das Wesen, das über den Wolken waltet."
„Und das Herz hüpfte ihm bei diesem Anblick: er sprang voll Ahndung über die Gesteine herab, und rief: O Mutter Gottes, du Heilige! Und erkannte Josephen, als sich bei dem Geräusche schüchtern umsah."	
„Mit welcher Seligkeit umarmten sie sich, die Unglücklichen, die ein Wunder des Himmels gerettet hatte!"	

Lösungsvorschlag: Interpretation

Innerhalb des Textauszugs beherrscht das optimistische Vertrauen in die Gerechtigkeit von Gottes Heilswirken noch die persönliche Weltsicht der jungen Familie aufgrund der unerwarteten Glückserfahrung der Errettung aus Todesgefahr und Verzweiflung. Trotz der vorausgegangenen Erlebnisse von Hass und Gewalt vertrauen Jeronimo und Josephe in naiver Weise darauf, dass die traditionellen gesellschaftlichen Machtstrukturen und mit ihnen die unmenschlich-autoritären Handlungsweisen der kirchlichen und weltlichen Instanzen durch das Erdbeben aufgehoben seien. Indizien für eine Änderung der Herrschaftsverhältnisse bieten die Beispiele für solidarisches Verhalten jenseits der überkommenen Standesunterschiede und sozialen Schranken in einer schönen Naturlandschaft außerhalb der Stadt, wo die Utopie einer versöhnten Menschheit Wirklichkeit geworden zu sein scheint.

Das poetische Bild einer romantischen Szenerie voller Liebe und Menschlichkeit an einem ‚schönen Ort' (locus amoenus) enthält jedoch im biblischen Motiv des Paradieses bereits deutliche Anspielungen auf dessen Brüchigkeit und Gefährdung durch Hinweise auf die Selbsttäuschung des Liebespaares durch seine vorsätzliche Ausgrenzung aus der Gemeinschaft der Erdbebenopfer. Der Fortbestand des Bösen, der in den Berichten von Plünderungen, Hinrichtungen und Morden im Umfeld der Naturkatastrophe deutlich wird, hindert sie angesichts der allgegenwärtigen Zeichen heldenhafter Taten und einer neuen Humanität nicht daran, an einem feierlichen Bittgottesdienst in der zerstörten Stadt teilzunehmen. Dort stellt ein Priester in einer aggressiven Predigt einen ursächlichen Zusammenhang zwischen der Naturkatastrophe und dem sexuellen ‚Vergehen' des Liebespaares her und löst damit eine Hassreaktion aus, welche die Menge der versammelten Kirchenbesucher zur Lynchjustiz gegenüber Jeronimo und Josephe veranlasst.

Die Deutung des Erdbebens als einer Strafe Gottes für die „Sittenverderbnis" der Stadtbewohner steht in einem direkten Gegensatz zur gleichfalls religiösen Interpretation der individuellen Rettung vor Gefängnis- und Todesstrafe als einem göttlichen Gnadenakt. Es wird klar, dass zufällige Ereignisse von den Menschen je nach persönlicher Lage in beliebiger Weise als Ausdruck eines göttlichen Willens interpretiert werden, welcher dem notleidenden und schutzbedürftigen Menschen Hilfe bringt, oder – aus der Sicht einer fundamentalistischen Religion – schuldhafte Zuwiderhandlungen gegen Gottes Gesetze mit Strafen ahndet, die Gottes Unerbittlichkeit und Grausamkeit in Bildern der Apokalypse und der Hölle dokumentieren.

5. Vergleichende Analyse von Johann Peter Hebels Erzählung „Unverhofftes Wiedersehen" mit Heinrich von Kleists „Das Erdbeben in Chili"

Textgrundlage

Johann Peter Hebel (1760–1826): „Unverhofftes Wiedersehen", in: J.P.H.: *Schatzkästlein des rheinischen Hausfreundes*, hrsg. von Werner Weber, Zürich: Manesse, 1998, S. 263–267.

Aufgaben

1. Analysieren Sie Hebels „Unverhofftes Wiedersehen" (1812).
2. Vergleichen Sie Hebels Erzählung und Kleists „Das Erdbeben in Chili" (1810) im Hinblick auf Gemeinsamkeiten und Unterschiede in der Darstellung und Deutung der menschlichen Existenz.

Johann Peter Hebel: „Unverhofftes Wiedersehen"

In Falun in Schweden küßte vor guten fünfzig Jahren und mehr ein junger Bergmann seine junge hübsche Braut und sagte zu ihr: „Auf Sankt Luciä wird uns unsere Liebe von des Priesters Hand gesegnet. Dann sind wir Mann und Weib und bauen uns ein eigenes Nestlein." – „Und Friede und Liebe soll darin wohnen", sagte die schöne Braut mit holdem Lächeln, „denn du bist mein Einziges und Alles, und ohne dich möchte ich lieber im Grab sein, als an einem anderen Ort." Als sie aber vor St. Luciä der Pfarrer zum zweiten Mal in der Kirche ausgerufen hatte: *„So nun jemand Hindernis wüßte anzuzeigen, warum diese Personen nicht möchten ehelich zusammenkommen"*, da meldete sich der Tod. Denn als der Jüngling den andern Morgen in seiner schwarzen Bergmannskleidung an ihrem Haus vorbei ging, der Bergmann hat sein Totenkleid immer an, da klopfte er zwar noch einmal an ihrem Fenster und sagte ihr guten Morgen, aber keinen guten Abend mehr. Er kam nimmer aus dem Bergwerk zurück, und sie saumte vergeblich selbigen Morgen ein schwarzes Halstuch mit rotem Rand für ihn zum Hochzeitstag, sondern als er nimmer kam, legte sie es weg und weinte um ihn und vergaß ihn nie.

Unterdessen wurde die Stadt Lissabon in Portugal durch ein Erebeben zerstört, und der Siebenjährige Krieg ging vorüber, und Kaiser Franz der Erste starb, und der Jesuitenorden wurde aufgehoben und Polen geteilt, und die Kaiserin Maria Theresia starb, und der Struensee wurde hingerichtet, Amerika wurde frei, und die vereinigte französische und spanische Macht konnte Gibraltar nicht erobern, die Türken schlossen den General Stein in der Veteraner Höhle in Ungarn ein, und der Kaiser Joseph starb auch. Der König Gustav von Schweden eroberte russisch Finnland, und die französische Revolution und der lange Krieg fing an, und der Kaiser Leopold der Zweite ging auch ins Grab. Napoleon eroberte Preußen, und die Engländer bombardierten Kopenhagen, und die Ackerleute säeten und schnitten. Der Müller mahlte, und die Schmiede hämmerten, und die Bergleute gruben nach Metalladern in ihrer unterirdischen Werkstatt. Als aber die Bergleute in Falun im Jahr 1809 etwas vor oder nach Johannis zwischen zwei Schachten eine Oeffnung durchgraben wollten, gute dreihundert Ellen tief unter dem Boden, gruben sie aus dem Schutt und Vitriolwasser den Leichnam eines Jünglings heraus, der ganz mit Eisenvitriol durchdrungen, sonst aber unverwest und unverändert war; also daß man seine Gesichtszüge und sein Alter noch völlig erkennen konnte, als wenn er erst vor einer Stunde gestorben, oder ein wenig eingeschlafen wäre an der Arbeit. Als man ihn aber zu Tag ausgefördert hatte, Vater und Mutter, Gefreundte und Bekannte waren schon lange tot, kein Mensch wollte den schlafenden Jüngling kennen oder etwas von seinem Unglück wissen, bis die ehemalige Verlobte des Bergmanns kam, der eines Tages auf die Schicht gegangen war und nimmer zurückkehrte. Grau und zusammengeschrumpft kam sie an einer Krücke an den Platz und erkannte ihren Bräutigam; und mehr mit freudigem Entzücken als mit Schmerz sank sie auf die geliebte Leiche nieder, und erst als sie sich von einer langen heftigen Bewegung des Gemüts erholt hatte: „Es ist mein Verlobter", sagte sie endlich, „um den ich fünfzig Jahre lang getrauert hatte und den mich Gott noch einmal sehen läßt vor meinem Ende. Acht Tage vor der Hochzeit ist er unter die Erde gegangen und nimmer herauf gekommen." Da wurden die Gemüter aller Umstehenden von Wehmut und Tränen ergriffen, als sie sahen die ehemalige Braut jetzt in der Gestalt des hingewelkten kraftlosen Alters und den Bräutigam noch in seiner jugendlichen Schöne, und wie in ihrer Brust nach 50 Jahren die Flamme der jugendlichen Liebe noch einmal erwachte; aber er öffnete den Mund nimmer zum Lächeln oder die Augen zum Wiedererkennen; und wie sie ihn endlich von den Bergleuten in ihr Stüblein tragen ließ, als die Einzige, die ihm angehöre und ein Recht an ihn habe, bis sein Grab gerüstet sei auf dem Kirchhof. Den andern Tag, als das Grab gerüstet war auf dem Kirchhof und ihn die Bergleute holten, schloß sie ein Kästlein auf, legte sie ihm das schwarzseidene Halstuch mit roten Streifen um und begleitete ihn alsdann in ihrem Sonntagsgewand, als wenn es ihr Hochzeitstag und nicht der Tag seiner Beerdigung wäre. Denn als man ihn auf dem Kirchhof ins Grab legte, sagte sie: „Schlafe nun wohl, noch einen Tag oder zehen im kühlen Hochzeitbett, und laß dir die Zeit nicht lange werden. Ich habe nur noch wenig zu tun und komme bald, und bald wird's wieder Tag. Was die Erde einmal wieder gegeben hat, wird sie zum zweitenmal auch nicht behalten", sagte sie, als sie fortging und noch einmal umschaute.

Lösungsvorschlag Analyse:

Einleitung

Die Geschichte „Unverhofftes Wiedersehen" aus Johann Peter Hebels Erzählsammlung *Schatzkästlein des rheinischen Hausfreundes* aus dem Jahre 1812 handelt von der überzeitlichen Macht der Liebe.

Aufbau

1. Bericht vom kurzzeitigen Liebesglück eines jungen Paares und vom Unfalltod des Bräutigams in einem Bergwerk.
2. Chronik weltgeschichtlicher Ereignisse in der Zeit von der Mitte des 18. bis zum Beginn des 19. Jahrhunderts: a) Entdeckung des verschollenen Bergmanns unter Tage; b) Identifizierung des Leichnams durch die ehemalige Verlobte; c) Beerdigung des Toten.

Leitmotiv Tod

In der Erzählung „Unverhofftes Wiedersehen" beherrscht der Tod das Leben des Menschen in scheinbar totaler Weise. Als unwiderrufliche Macht zerstört er die Lebensentwürfe namenloser Personen (Bergmann – Braut) und beendet das Leben von namhaften Persönlichkeiten der Weltgeschichte (Kaiser – Kaiserin usw.). Über seine natürliche Form des krankheits- und/oder altersbedingten Sterbens nennt der Text Formen der Existenzvernichtung durch Naturkatastrophen (Erdbeben in Portugal) und durch Unglücksfälle, insbesondere aber durch militärische und politische Gewalt.

Leitmotiv Liebe

Absolute personale Bindung kennzeichnet die Liebe zwischen Bergmann und Braut („du bist mein Einziges und Alles"). Der Tod des Geliebten bedeutet zwar den physischen Verlust des Geliebten („[e]r kam nimmer aus dem Bergwerk zurück") und erzeugt tiefes Leid („weinte um ihn"), doch stellt die Frau die fortdauernde Erinnerung an den Toten gegen den Gedächtnisverlust („vergaß ihn nie").

Der Gedanke, dass die Zeitlichkeit und Vergänglichkeit des Lebens überwunden werden kann, bestimmt die erzählerische Darstellung des Todes im wiederholten Bild des Schlafes („als wenn er [...] ein wenig eingeschlafen wäre"; „schlafende[r] Jüngling"), das in den Abschiedsworten der Braut zum Leitbild wird: „‚Schlafe nun wohl [...] im kühlen Hochzeitsbett, und laß dir die Zeit nicht lange werden.'" Während die Konservierung des Leichnams durch Eisenvitriol lediglich die Illusion von Dauer erzeugt, ergibt sich die Gewissheit von Ewigkeit erst wesentlich aus dem Glauben an ein Fortleben nach dem Tod (Ich „komme bald, und bald wird's wieder Tag").

Lösungsvorschlag Vergleich:

Gemeinsamkeiten

Entstehungszeit der Texte zu Beginn des 18. Jahrhunderts; nahezu zeitgleiches Jahr der Veröffentlichung
Erdbeben als historischer Bezugspunkt der erzählten Geschichte
Darstellung der unausweichlichen Allgegenwart des Todes
Darstellung einer tiefen Liebesbeziehung zwischen Mann und Frau
Überwindung der Todesmacht durch die menschliche Liebe
Bestimmung des menschlichen Lebens durch religiösen Glauben: Vertrauen der Protagonisten in das Heilswirken Gottes
Dreiteiligkeit der Handlung • Kleist: Naturkatastrophe – soziale Idylle der Solidarität in der Tal-von-Eden-Szene – Gewaltexzesse • Hebel: Tod des Geliebten – Weltgeschichte – Wiedersehen und Glück
Übereinstimmende Erzählform: auktoriale Erzählsituation, bildhaft-anschauliche Darstellungsweise

Unterschiede

Kleist: „Das Erdbeben in Chili" (1807/1810)	Hebel: „Unverhofftes Wiedersehen" (1812)
Naturkatastrophe ist Ausgangspunkt der Erzählung.	Naturkatastrophe steht am Anfang der Aufzählung von welthistorischen Ereignissen im 2. Teil der Erzählung.
Persönliche Deutungen der Protagonisten, die in der Naturkatastrophe den Ausdruck eines göttlichen Heilsplans vermuten, erweisen die Widersprüchlichkeit des subjektiven Gottesbildes der Menschen.	Subjektive Glaubenszuversicht erscheint nicht als romantische Verklärung, sondern als objektive Wahrheit: der Leser nimmt mit dem Erzähler die Überzeugung der Frau vom Weiterleben nach dem Tod zur Kenntnis.

Zerstörung des erneuten Liebesglücks durch endgültige physische Vernichtung: Ermordung der Liebenden, die sich wiedersehen durften, obwohl sie wegen ihrer unstandesgemäßen Beziehung kurz vor der Hinrichtung gestanden hatten.	Erneuerung des Liebesglücks und metaphysische Heilszuversicht: Wiedererkennung des toten Geliebten und Vertrauen in eine seelische Wiedervereinigung nach dem Tod der Braut.
Irrationalität des Erzählten: Rätselhaftigkeit, Widersprüchlichkeit und Zufälligkeit der berichteten Ereignisse	Rationalität des Erzählten: Logik und Plausiblität des Handlungsverlaufs, z. B. Mumifizierung des verunglückten Bergmanns
Zahlreiche Bibelmotive: Namengebung der Personen, Sündenfall, Paradiesszene, Apokalypse usw.	Kein biblisches, sondern eher poetisches Bildinventar (Tod als Person, als Schlaf, Farbsymbolik von Rot und Schwarz usw.)
Ironische Erzählhaltung der Distanzbildung: die berichteten Ereignisse sind so grotesk, dass das Denken und das Verhalten der Personen äußerst problematisch und kritikwürdig erscheinen.	Signale der Empathie: affektiver Wortschatz (Beispiel: „mehr mit freudigem Entzücken als mit Schmerz sank sie auf die geliebte Leiche nieder") und Formen der Verniedlichung („Nestlein", „Stüblein") lösen beim Leser Mitgefühl aus und wirken identifikationsstiftend.
Radikale Absage an die Humanitätsideale der deutschen Klassik durch Darstellung einer unmenschlich-mörderischen Welt des Hasses und der Gewalt	Hebels belehrend-unterhaltsame Geschichte bestätigt (ebenso wie die übrigen Kalendergeschichten im Schatzkästlein des rheinischen Hausfreundes) die gesellschaftlichen und religiösen Konventionen der vorindustriellen Zeit der Restauration und des Biedermeier in Deutschland.
Erzählung als pessimistischer Ausdruck eines Zweifels am objektiven Sinn und an der Gültigkeit von religiösen oder philosophischen Konzepten der Geschichtsdeutung	Erzählung als Ausdruck eines Vertrauens in eine gottgewollte Ordnung der Welt

Literatur erleben!
Unsere Titel auf einen Blick:

Literaturhinweise

Textausgaben

Goethe, Johann Wolfgang von: Gesammelte Werke. München 1981.
Kant, Immanuel: Werke. Akademie-Textausgabe. Bd. 1: Vorkritische Schriften I (1747–1756). Berlin 1986.
Kleist, Heinrich von: Sämtliche Werke und Briefe. Hrsg. von Helmut Sembdner. München 61977.
  – Geschichte meiner Seele. Das Lebenszeugnis der Briefe. Frankfurt a. M. 1977.
  – Sämtliche Erzählungen und Anekdoten. München 1978.
  – Anekdoten. Kleine Schriften. München 21974.
  – Sämtliche Briefe. Hrsg. von Dieter Heimböckel. Stuttgart 1999.
Lessing, Gotthold Ephraim: Nathan der Weise. Stuttgart/Leipzig 2007.

Sekundärliteratur

Fischer, Bernd: Ironische Metaphysik. Die Erzählungen Heinrich von Kleists. München 1988.
Gönner, Gerhard: Von „zerspaltenen Herzen" und der „gebrechlichen Einrichtung der Welt". Versuch einer Phänomenologie der Gewalt bei Kleist. Stuttgart 1989.
Günzel, Klaus: Kleist. Ein Lebensbild in Briefen und zeitgenössischen Berichten. Stuttgart 1985.
Habermas, Jürgen: Strukturwandel der Öffentlichkeit. Neuwied/Berlin 81976.
Kaiser, Gerhard: Krise der Familie. Eine Perspektive auf Lessings Emilia Galotti und Schillers Kabale und Liebe. In: Recherches germaniques (Université des Sciences Humaines, Strasbourg) Nr. 14 (1984).
Müller-Seidel, Walter: Heinrich von Kleist. Aufsätze und Essays. Darmstadt 1980.
Ohff, Heinz: Heinrich von Kleist. Ein preußisches Schicksal. München 2004.
Schulte, Bettina: Unmittelbarkeit und Vermittlung im Werk Heinrich von Kleists. Göttingen 1988.
Siebert, Eberhard: Heinrich von Kleist. Leben und Werk im Bild. Frankfurt a. M. 1980.
Wellbery, David E. (Hrsg.): Positionen der Literaturwissenschaft am Beispiel von Kleists „Das Erdbeben in Chili". München 1985. [Darin: Altenhofer: „Der erschütterte Sinn", S. 39–53; Kittler: „Ein Erdbeben in Chili und in Preußen", S. 24–38; Schneider: „Der Zusammensturz des Allgemeinen", S. 110–129.]